AF603552

LA
LIBERTÉ DE CONSCIENCE

PAR

LÉON MARILLIER
Agrégé de Philosophie
Maître de conférences à l'École des Hautes Études.

RAPPORT

PRÉSENTÉ

AU NOM DU JURY DE CONCOURS

SUR

LA LIBERTÉ DE CONSCIENCE

PARIS
ARMAND COLIN ET Cie, ÉDITEURS
5, RUE DE MÉZIÈRES, 5

1890

LA
LIBERTÉ DE CONSCIENCE

LA
LIBERTÉ DE CONSCIENCE

PAR

LÉON MARILLIER

Agrégé de Philosophie
Maître de conférences à l'École des Hautes-Études.

RAPPORT

PRÉSENTÉ

AU NOM DU JURY DU CONCOURS

SUR

LA LIBERTÉ DE CONSCIENCE

PARIS

ARMAND COLIN ET Cie, ÉDITEURS

5, RUE DE MÉZIÈRES, 5

1890

JURY DU CONCOURS

Président : M. Jules Simon, sénateur, membre de l'Académie française, Secrétaire perpétuel de l'Académie des Sciences morales et politiques.

Membres : MM. A. Franck, membre de l'Institut, Professeur honoraire au Collège de France ; Paul Janet, membre de l'Institut, Professeur à la Faculté des Lettres ; Levasseur, membre de l'Institut, Professeur au Collège de France ; Foncin, Inspecteur général de l'Université ; G. Monod, Maître de Conférences à l'École normale supérieure, Directeur à l'École pratique des Hautes-Études ; Raoul Frary, *Secrétaire.*

Rapporteur : M. Léon Marillier, agrégé de Philosophie, Maître de Conférences à l'École pratique des Hautes-Études.

N. B. — Le Rapporteur est l'interprète des jugements du jury sur la valeur des manuscrits, mais il a seul la responsabilité des opinions qu'il exprime sur les questions dont il traite.

LA
LIBERTÉ DE CONSCIENCE

I

INTRODUCTION

§ 1. — *Objet du concours; son opportunité. Comment on pratique la tolérance en France.*

Il y a deux ans, il paraissait dans les journaux une annonce ainsi conçue : « Me Agnellet, notaire à Paris, 38, rue Saint-Georges, a reçu d'un donateur une somme de quinze mille francs destinée à récompenser le meilleur ouvrage ayant pour objet de faire sentir et reconnaître la nécessité d'établir de plus en plus la liberté de conscience dans les institutions et dans les mœurs... Chaque concurrent sera libre de choisir la forme qu'il jugera la meilleure pour faire valoir ses idées et agir sur l'esprit public. Le roman même n'est pas exclu. On recommande aux concurrents, dans l'intérêt de la cause qu'ils veulent servir, de faire en sorte que leur ouvrage, tout en offrant un intérêt aux esprits cultivés, soit accessible à un large public ».

On s'étonna un peu. La liberté de conscience, mais c'est chose acquise! disait-on; depuis un siècle, en France, chacun adore Dieu comme il lui plait; personne n'est plus inquiété pour ses opinions religieuses; on imprime, on enseigne les doctrines les plus hardies sans que jamais on ait à craindre ni une heure de prison, ni un franc d'amende. Les catholiques épousent des juives, les protestants des catholiques; nul se s'en scandalise ni ne s'en étonne. Les religions d'État ont fait leur temps; le gouvernement paie les ministres des cultes, mais il ne s'occupe point de ce qu'ils prêchent et ne distingue pas entre le curé et le rabbin. En est-il beaucoup parmi nous qui soient assez assurés de la vérité de leur foi pour songer à l'imposer par la force? A peine si nous essayons de persuader les autres, bien loin de vouloir les contraindre. Les haines s'en sont allées s'émoussant avec les croyances. Nous répétons des lèvres des dogmes auxquels nous ne croyons qu'à demi, et nous n'aurions pas l'idée de reprocher aux fils des huguenots de rester fidèles à la confession de la Rochelle, tandis que l'on enseigne dans nos séminaires le catéchisme du Concile de Trente. Catholiques ou protestants, nous ne nous ferions pas tuer pour ces formules d'autrefois.

Les croyants sincères eux-mêmes, les hommes

de foi profonde, ont appris les mœurs de la liberté; désireraient-ils redevenir persécuteurs, ils ne pourraient le vouloir. Ce serait une grande naïveté de prendre au sérieux les déclamations des politiciens de réunions publiques, qui demandent la suppression de Dieu; c'est là pour eux un thème de développements commodes, ils ne sont pas dupes de leur apparent fanatisme; pourquoi nous arrêter devant leurs phrases et les prendre plus au sérieux qu'ils ne font eux-mêmes? Parfois, il est vrai, les questions religieuses semblent jouer un grand rôle dans nos luttes politiques, mais ce n'est là qu'une apparence; c'est de république et de monarchie qu'il s'agit en réalité, le catholicisme et la libre-pensée ne sont que des masques et qui ne trompent personne. Intolérants! mais, si nous l'étions demeurés, ce serait presque un bonheur pour le pays : cela prouverait du moins qu'il est encore des causes auxquelles nous croyons de toute la force de notre esprit.

On a dit tout cela et mille autres choses. Mais, si l'on veut des arguments qui prouvent l'utilité du concours, on ne saurait en trouver de meilleur que l'esprit même où ont été écrits la plupart des manuscrits qui ont été soumis à l'examen de la Commission.

Les libéraux sont rares parmi les concurrents. Pour l'un, la tolérance consiste à haïr le clergé; pour cet autre, la liberté de conscience est sans doute au-dessus de toute discussion, mais la seule conscience dont la liberté importe, c'est celle des catholiques. Il semble à certains des concurrents que c'est une concession toute gracieuse de leur part de ne point s'opposer à ce que leurs voisins aillent à la messe; ils consentent par condescendance à ne point les contrarier ni les gêner dans la pratique de leur culte, mais ils les regardent de haut, sourient de pitié, et s'admirent eux-mêmes d'être assez bons, assez guéris de tout préjugé pour supporter jusqu'aux superstitions catholiques. D'autres, le cœur rempli de charité évangélique, détestent l'erreur de toute leur âme; ils ne veulent employer cependant avec le pécheur, avec le rebelle, que des voies de douceur, ils prêchent la conciliation et la concorde; ils consentent à ne pas tourmenter les hérétiques, pourvu qu'ils ne fassent pas trop parler d'eux; mais ils semblent ne pas se douter que ce qu'ils octroyent comme une grâce, c'est un droit, un droit strict, que la charité et la bienveillance n'ont ici que peu de chose à faire, que c'est de justice qu'il s'agit. Que leur importe! ils s'applaudissent eux-mêmes de leur générosité, ils se jugent miséricordieux parce qu'ils ne violent pas le droit d'autrui, généreux parce qu'ils respectent sa conscience et sa liberté. Dans les deux camps, on accorde à ses adversaires, sans trop se faire prier, le droit de penser ce qu'ils pensent, mais on ne leur reconnaît qu'à regret le droit de le dire; on reproche aux prêtres de se conduire en prêtres, on ne pardonne pas au savant de chercher à faire des disciples. Dans un manuscrit, nous avons trouvé cette pensée, que la tolérance était une mesure transitoire, mais que l'État devait s'efforcer de faire l'unité dans les esprits, de réaliser par une forte discipline l'unité morale de la patrie; je ne sais pas si l'auteur serait fort éloigné de considérer comme des citoyens médiocres ceux qui ne pensent et ne sentent pas comme la majorité. La liberté religieuse n'est pas considérée par lui comme un droit, mais comme une concession que l'État fait aux citoyens : à l'État d'en fixer les conditions et les limites. Si les droits de l'État, ceux qu'il possède réellement et ceux qu'il s'arrogerait contre la justice, ont trouvé des défenseurs, il s'est rencontré d'éloquents plaidoyers en faveur de la liberté de l'Église : ce qu'il lui faut pour être libre, c'est la domination universelle. Ce sont des phrases menaçantes que celles-ci : « La liberté est le droit qu'a l'être intelligent de diriger sa vie conformément aux lois de la vérité et du devoir, protégé dans l'exercice de ce droit par la répression publique de l'erreur et du mal, dans la mesure où ils menacent la liberté du vrai et du bien, nécessaire à l'ordre social ». « La liberté de conscience est le droit qu'a l'âme humaine de diriger sa vie religieuse sous la haute autorité de Dieu et de l'Église. » Et l'auteur se croit de bonne foi un partisan résolu de la liberté de conscience! Les protestants s'en prennent à la fois au catholicisme, au positivisme et au spiritualisme : pour qu'une conscience soit affranchie, il faut qu'elle soit protestante ; la vraie liberté de conscience, c'est le protestantisme universel. Et chacun s'en va, jetant le blâme ou la moquerie sur les croyances d'autrui ; on les tolère, on les supporte, mais on les supporte surtout parce que l'on ne peut faire autrement.

C'est avec un sentiment de regret, de regret mal contenu, que libres-penseurs et catholiques se résignent à la tolérance ; ils ont signé un traité de paix, mais avec l'arrière-pensée de le rompre. Il y a sans cesse des incidents de frontière, des escarmouches ; une hostilité sourde règne entre les deux partis : elle n'attend pour éclater qu'une occasion. On se hait, on se méprise, ou l'on se plaint ; bien petit est le nombre de ceux qui aiment la liberté pour la liberté, qui comprennent à peine le mot de tolérance, tant il leur semble naturel que chacun parle comme il croit. Aujourd'hui comme hier, c'est l'intolérance qui est la règle, et la liberté de tous ne repose que sur les prétentions rivales et opposées des partis ; on opprime peu, parce que l'unité s'est brisée et qu'orthodoxes et hérétiques se font mutuellement contre-poids. Mais c'est une paix qui est fondée sur la haine et non sur la concorde.

On se figure mal parfois à quel point les esprits sont divisés en France ; on dîne l'un chez l'autre, on se serre la main, on siège au même tribunal, on enseigne à la même Faculté, mais le libre-penseur ne peut effacer tout à fait un sourire quand il songe que son collègue va à la messe, et le catholique dit en parlant de son médecin : « Il ne croit pas en Dieu, *mais* c'est un bien honnête homme ». Nous avons les mêmes habitudes de vie, on en arrive vite à conclure que les barrières sont tombées entre nous, que nous ne vivons plus chacun enfermé dans notre chapelle avec ceux qui pensent et sentent comme nous. En réalité, nous sommes aussi divisés qu'autrefois; nous supportons les autres, en attendant l'heure où nous pourrons leur imposer nos volontés : c'est notre faiblesse seule qui fait notre libéralisme.

§ 2. — *L'état d'esprit des intolérants.*

Il ne faut certes pas se plaindre de la diversité, de l'infinie variété des opinions et des croyances; l'unité est signe d'immobilité et de mort; lorsque les dogmes ne changent plus, c'est qu'ils ont cessé de vivre. Mais ce qui indique combien peu nous sommes libéraux, c'est que nous souffrons de cette complexité vivante des doctrines, de cette vie merveilleuse de la foi, qui pousse sans cesse des branches nouvelles, toujours verdoyante et toujours jeune. Cela nous blesse que d'autres hommes parlent de Dieu autrement que nous, cela nous blesse qu'ils n'en parlent point; il nous semble que seule notre manière de penser est en elle-même digne de respect, que la manière de penser d'autrui, c'est par des raisons politiques, pour maintenir l'harmonie entre les citoyens, qu'il la faut tolérer; en un mot, nous nous résignons à laisser vivre les croyances d'autrui, parce que nous ne pouvons les détruire. Mais la foi que nous ne partageons pas nous choque et nous irrite; nous ne savons pas aimer la foi d'autrui, respecter les croyances, parce qu'elles sont des croyances, parce qu'elles sont sincères, qu'elles expriment ce qu'il y a de plus intime et de plus profond dans les âmes.

Les esprits les plus ouverts et les plus tolérants posent à leur tolérance des limites : les protestants demandent que l'on soit du moins disciple de Jésus-Christ, les déistes que l'on croie en Dieu. Les athées ne sont guère supportés par ceux qui croient en un au-delà, et ils s'en vengent en poursuivant de leurs railleries ce qu'ils appellent des rêves, des chimères et bien souvent des sottises. Il en est bien peu parmi les hommes qui ne demandent à autrui rien autre chose que d'être sincère, et de vivre conformément à ce qu'il croit la vérité. Nous faisons de beaux discours sur la conscience, sur le devoir de n'obéir qu'à elle seule; mais au fond du cœur la conscience à laquelle nous voulons qu'on obéisse, c'est la nôtre.

Il ne faut pas croire, au reste, que l'intolérance se limite au domaine des choses religieuses; nous apportons partout avec nous les mêmes habitudes d'esprit; la politique n'est pas seulement un conflit d'intérêts, c'est souvent aussi un conflit de doctrines, de principes, et les haines des théoriciens politiques ne le cèdent en rien aux haines des théologiens. Nous ne pouvons nous résigner à discuter, nous sommes sûrs d'avance d'avoir raison, et cela nous blesse que les autres semblent en douter et ne s'inclinent pas docilement devant nous; les réserves, les hésitations, nous choquent, nous ne demandons pas tant d'examen ni de critique; un esprit libre, affranchi de préjugés, ne balance pas si longtemps entre la vérité et l'erreur; nous suspectons vite la bonne foi de ceux qui ne viennent pas à nous tout de suite ou bien nous prenons en pitié l'esclavage où les retiennent leurs préjugés. Nous ne comprenons pas que l'on accepte librement des doctrines qui ne sont pas les nôtres; le libre-penseur s'imaginera toujours que le catholique est l'esclave de son curé, et il l'opprimera au nom de la liberté.

A Paris, nous sommes mal placés pour juger de la haine et du mépris que se sont voués les partis politiques; nous en sommes venus à penser, c'est le cas du moins de beaucoup d'entre nous, que toutes les opinions se valent ou peu s'en faut et qu'elles ne valent guère; nous croyons qu'il y a des honnêtes gens dans tous les partis. Nous ne prenons plus au sérieux les attaques des journalistes, nous savons bien qu'il leur faut remplir leurs journaux; nous causons sans haine avec nos adversaires. Mais il n'en va pas de même en province. Un parti est là-bas une chose sérieuse, on est astreint à la fidélité, et à une fidélité qui s'étend à tous les actes de la vie, à toutes les paroles; on est bien vite considéré comme un traître si l'on fraye avec les gens de l'autre parti. La politique est devenue une religion; on a fait une idole de la République : on ne pardonne pas à ceux qui ne plient pas le genou devant elle. Mais c'est fort gravement aussi que l'on dit, dans certains milieux, que l'on ne saurait être à la fois républicain et honnête homme. Bien des catholiques pensent, tout au fond de leurs cœurs, que le libéralisme est un joug pesant, et qu'il n'y aura de bonheur pour les hommes que le jour où l'Église règnera en maîtresse sur les corps comme sur les consciences; ils ne l'avouent pas, c'est au nom de la liberté qu'ils luttent contre la liberté.

Dans les deux camps on s'accuse réciproquement de blasphème, et l'on ne se réconcilie que dans une haine commune contre les étrangers. Il semble à plus d'un patriote qu'il y a quelque chose de coupable à n'être point Français, que c'est une faute, presque un crime. On croirait n'aimer qu'à demi son pays si l'on était juste pour les autres nations; on a divinisé la Patrie comme la République, et c'est avec le même fanatisme qu'on l'adore, on ne permet ni les objections ni les réserves. On semble oublier que le droit s'applique à tous ou ne s'applique à personne, qu'il n'y a pas deux justices, celle-ci pour les Français et celle-là pour les Allemands.

Qu'est-ce donc encore, sinon de l'intolérance, que cet esprit de famille étroit qui nous fait tenir en moindre estime tous ceux qui ne nous sont pas unis par les liens du sang? Nous ne mesurons pas à la même mesure ceux qui portent notre nom et les autres, et ce n'est pas l'intérêt seul qui nous guide, c'est une préférence secrète pour ce qui nous tient de près, pour les gens et les choses où il y a un peu de nous-mêmes. Nous éprouvons un irrésistible besoin d'étendre notre moi, de le laisser déborder sur tout ce qui nous entoure; nous sommes intolérants en raison de notre invincible tendance à nous affirmer nous-mêmes; la pensée des autres est une entrave à notre pensée, comme leur action à notre action, et cette entrave nous cherchons sans cesse à la briser. L'intolérance est une sorte de jalousie intellectuelle; nous souffrons si l'on aime un autre que nous, nous souffrons si l'on pense d'autres idées que les nôtres. Il nous semble que nos croyances, que notre foi, c'est nous-même, et qu'on nous fait tort si l'on ne s'incline pas devant elles. Ce n'est point amour-propre seulement, c'est quelque chose de plus intime et de plus profond.

Et ces traits-là n'appartiennent pas qu'à notre temps : tout intolérants que nous puissions être, nous sommes des libéraux de bon aloi si l'on nous compare à nos pères. Nous ne brûlons plus personne, et, si nous sommes sévères aux idées des autres, du moins le bourreau épargne-t-il leurs livres. La peine de mort a disparu en matière politique, et l'on est devenu d'une indulgence singulière pour les délits de presse. Nous n'avons pas réussi sans doute à juger nos adversaires avec équité, nous regrettons peut-être de n'être plus en droit de leur imposer silence, mais ce droit aucun parti n'oserait le revendiquer publiquement. Nous sommes en grande majorité restés des fanatiques, mais nous avons mis des masques, et ils nous trompent nous-mêmes; nous sommes de bonne foi lorsque nous nous réclamons de la liberté, et c'est là notre excuse. C'est une excuse qu'il ne faudrait pas faire valoir trop haut; les bonnes intentions n'ont jamais rien réparé. C'était pour le bien des âmes que les corps étaient torturés et brûlés, les inquisiteurs le disaient du moins, et sans doute ils le pensaient; mais c'était aussi, c'était surtout pour établir à jamais l'inébranlable autorité de l'Église. Soyons en garde contre ces erreurs-là; rien n'est plus aisé que de s'abuser soi-même sur les raisons de sa conduite, rien n'est plus dangereux ; il n'est pas difficile de changer en une belle action une sottise ou un crime, il suffit d'en changer le nom : c'est une question de vocabulaire.

Il est des gens qui n'aiment point à être contredits; ils s'imaginent que la société serait en péril si l'on ne pensait point comme eux, si surtout on s'enhardissait jusqu'à le dire. Ce sont des inquisiteurs au petit pied ; ils sont moins dangereux, je le veux bien, la faute n'en est pas à eux autant qu'il semble, mais à ceux qui sont bien décidés à penser à leur guise et à ne pas se laisser molester. Si grands que soient les progrès accomplis depuis trois siècles, bien des hommes ont encore des excommunications sur les lèvres. On élève des statues à Étienne Dolet, à Giordano Bruno ; mais est-ce bien par pur amour pour la liberté? ne serait-ce pas aussi pour faire pièce à l'Église? On songeait bien moins sans doute à honorer la mémoire des victimes qu'à faire le procès des juges, et l'on se disait avec joie que ces juges-là c'étaient les ancêtres spirituels des prêtres d'aujourd'hui. Entre des mains habiles, un cadavre est un bon argument, et le bûcher de Giordano Bruno a fait plus de mal à la cause de l'Église que bien des pamphlets.

Ce n'est pas au reste que tout le monde ait désarmé de notre temps, et que l'on soit universellement convaincu qu'il faut laisser aux savants le droit de chercher la vérité. Un critique contemporain a pu écrire : « Que les savants s'abandonnent à toutes leurs audaces, et qu'ils réclament en physique ou en chimie la pleine liberté de l'erreur. Mais qu'ils apprennent pourtant, ou plutôt qu'ils réapprennent que cette liberté même est bornée par la nature de l'objet dont ils s'occupent. On n'a pas le droit de nier le libre-arbitre au nom du déterminisme universel... » Les hommes de science ne peuvent pourtant pas affirmer leur foi en des dogmes auxquels ils ne croient point ; il serait aussi étrange de les y vouloir contraindre que d'empêcher les théologiens d'enseigner leurs doctrines. Pourquoi ce privilège en faveur du libre-arbitre? pourquoi seul aurait-il droit à ce qu'on ne le contestât pas, tandis que l'on s'attaque à l'authenticité des prophètes et à la divinité du Christ? D'ailleurs c'est une foi aussi que la foi dans la science, et l'une des plus hautes que l'on puisse concevoir, une foi intolérante, et qui ne se laisse pas aisément tourmenter ni contraindre; elle a droit au respect comme toute croyance sincère, et il est étrange qu'on veuille, au nom du libre-arbitre, mettre des limites à la liberté de penser. On comprend aisément qu'un homme que la science gêne en ses théories conteste la certitude de la science, on conçoit moins bien que pour sauver la foi en la liberté il veuille que l'on pense moins librement. Il y a du reste en ces temps-ci un mouvement de réaction contre la science, on se défie d'elle; peut-être trouve-t-on qu'elle n'a pas tenu toutes ses promesses. On lui reproche ses allures batailleuses, on lui en veut d'avoir brisé tant de croyances frêles et douces qui enivraient les âmes de leur charme pénétrant; elle est devenue tyrannique, autoritaire, à son tour; elle a placé à côté des faits et des lois bien des hypothèses, et elle prétend les imposer au même titre. On se révolte enfin; on est blessé que cette libératrice des âmes ait enfanté tant d'esprits étroits et médiocres, tant de pédants qui ne trouvent que des railleries plates pour les croyances nobles et hautes dont les hommes se sont nourris au cours des siècles. On ne veut pas se laisser imposer de *Credo* par ceux-là surtout qui sont venus briser les *Credo* anciens. On se révolte contre le joug qu'ils veulent vous mettre sur le cou, et l'on ne songe pas à la rude servitude que l'on ferait peser sur les esprits si l'on était le maître. Les savants ne comprennent pas toujours le besoin d'infini qui est au plus profond du cœur des hommes; ils ne comprennent pas que si parfois il sommeille, il ne saurait mourir, qu'il est éternel comme la passion de la vérité; ils raillent un désir qu'ils n'éprouvent point; le monde, tout peuplé d'une infinité de vivants, leur semble assez grand, ils ne cherchent pas à s'en échapper, ils ne sentent pas peser sur eux les murs de la prison. Mais ne sont-ils pas excusables de s'être grisés un peu de leur jeune liberté, et peut-on songer à l'étroit esclavage où on les a tenus si longtemps, sans leur pardonner? La liberté guérira les maux qu'elle a pu faire; les savants respecteront un jour les hommes de foi, et ce sera ce jour-là même où les croyants auront signé avec la science un traité de paix. Mais c'est un jour bien lointain encore, et des années se passeront avant qu'ils aient appris à se respecter et à s'aimer les uns les autres.

Et cependant que de choses ils pourraient s'apprendre, et comme ils s'estimeraient davantage, en dépit de l'intolérance naturelle des hommes, si seulement ils se connaissaient mieux. Le fanatisme est fait surtout d'ignorance : nous nous indignons contre ce que nous ne comprenons pas, et bien souvent ne pas comprendre n'a qu'une raison, c'est que l'on connaît mal. On ne saurait s'imaginer avec quelle facilité nous acceptons les plus invraisemblables légendes si elles flattent nos préjugés ou nos haines. L'auteur d'un des manuscrits que nous avons examinés raconte gravement que l'on enseigne dans les séminaires l'hypnotisme aux jeunes prêtres pour qu'ils puissent fasciner les femmes et s'emparer d'elles. Et les épithètes ne coûtent guère aux convictions ardentes : dans un des mémoires, les députés sont traités « d'empoisonneurs publics » ; et pourquoi? Parce qu'ils n'ont pas laissé l'enseignement primaire aux mains des Frères de la Doctrine Chrétienne. Il est vrai que dans un autre manuscrit on parle « du pourceau couronné qui règne au Vatican ». Et ces hommes-là sont des libéraux! c'est pour la liberté de conscience qu'ils croient combattre! Que penser des autres? On ne saurait s'imaginer à quel point les gens peuvent se méconnaître eux-mêmes et se rendre mal compte de ce qu'ils ont fait : un écrivain parle à chaque ligne de son impartialité, de son libéralisme, de sa bienveillance pour toutes les doctrines, et son travail n'est qu'un long réquisitoire contre le catholicisme, un réquisitoire de la dernière violence, où rien n'est épargné, ni les dogmes, ni la discipline. Le catholicisme est intolérant, le détruire c'est servir la cause de la liberté de conscience, telle est la thèse que l'on retrouve sans cesse sous des formes diverses; on ne prend pas la peine de la démontrer, elle paraît évidente de soi à celui qui l'a posée : il s'imagine de bonne foi qu'il a pour lui tous les honnêtes gens.

Il ne faudrait pas s'aviser de combattre trop vivement les hommes qui ont l'esprit ainsi fait, ils vous auraient vite accusé d'innocenter la Saint-Barthélemy; la justice envers des adversaires leur semble une lâcheté, pis que cela, une trahison, une sorte de crime envers la société. Ils sont hantés par les Jésuites et le *Syllabus*, et haussent les épaules si on leur parle de conciliation. Ils considèrent l'Église comme une ennemie, et entendent la traiter comme telle, on ne les en fera pas démordre. Peut-être, au reste, sont-ils francs-maçons, et à en croire les catholiques, les francs-maçons n'aspirent à rien moins qu'à détruire le christianisme ; ils sont les ennemis nés de toute religion. C'est là une conviction bien enracinée, et qui a trouvé son expression officielle dans les mandements de plusieurs évêques, voire même dans une Encyclique du pape. Franc-maçonnerie et catholicisme, deux organisations rivales, qui se jalousent et se haïssent, qui se calomnient et s'injurient sans se connaître. Le grand danger, c'est qu'on ne parle pas la même langue; tous demandent la même chose, se servent des mêmes mots, mais les mots changent de sens quand on passe de l'église à la Loge. La liberté pour l'Église, la seule qu'elle admette et revendique, c'est la liberté du bien, il faut entendre par là l'obligation pour tout le monde d'être catholique; mais les maçons ne veulent pas reconnaître que l'on puisse être à la fois libre et catholique : être libre à leurs yeux, c'est n'avoir pas le droit d'aller à la messe. Ni les uns ni les autres ne peuvent se résigner à cette définition toute simple de la liberté : la liberté c'est le droit de faire tout ce qui ne cause aucun dommage matériel à autrui. On parle de l'empoisonnement des âmes, des doctrines pernicieuses, que sais-je encore? Mais quel est le réactif sûr des poisons spirituels, et qui décidera souverainement que telle doctrine est innocente et telle autre coupable? Tant que les gens s'en tiennent aux paroles, c'est par la parole seule qu'il les faut combattre : aux actes seuls on peut répondre par des actes.

L'expérience de tant de siècles devrait nous avoir dégoûtés des procès de tendance et des délits d'opinion; mais nous avons beau faire, c'est à cela que nous revenons sans cesse. « Je n'ai rien à reprocher à M. Durand : c'est un homme loyal et bon, mais il est catholique, je ne peux me fier à lui. » Nous ne pouvons nous guérir de cet esprit soupçonneux, de cette méfiance qui nous fait regarder comme des ennemis tous ceux qui ne pensent pas comme nous. Ce qui est fort triste, c'est que nous n'avons tort qu'à demi; oublierionsnous nos préjugés, il n'est point certain qu'ils oublieraient les leurs et qu'ils feraient bon accueil à nos avances. Les concessions qu'on fait aux autoritaires ne les désarment jamais, ils s'en servent contre vous, et sont bien résolus à ne rien céder de leurs prétentions. S'ils invoquent la liberté, c'est parce qu'ils connaissent la naïveté des libéraux : ils savent très bien qu'ils cesseront d'en parler le jour où ils seront les plus forts, mais que le bon moyen d'empêcher les gens de se défendre c'est de les traiter d'oppresseurs. Et ce n'est pas de la doctrine seule que dépend cette attitude d'esprit : il y a eu des catholiques libéraux, il y a des athées tyranniques, il y aura longtemps encore des hommes qui ne croiront jamais avoir assez raison, s'ils n'ont pas tout seuls le droit de parler.

Ce n'est peut-être pas au reste une aussi grande naïveté qu'il semble de la part des vrais libéraux de demander la tolérance même pour les intolérants et la liberté pour les fanatiques. Il ne paraît pas que ce soit un bon moyen pour faire disparaître du monde la tyrannie que de l'exercer à son profit, et un parti qui fait bon marché des droits des autres cesse vite d'être un parti libéral, quelles que soient es belles déclarations qu'il fasse en l'honneur de la iberté. Il ne s'agit pas du bon ou du mauvais usage que feraient les gens de leur liberté; c'est leur droit d'être libres; ce droit-là, ce serait une injusice de les en priver. Est-ce à dire qu'il faille se ivrer pieds et poings liés à ses adversaires, qu'il faille ne pas se défendre s'ils vous attaquent? Il ne saurait être question de cela. Il faut seulement ne pas s'imaginer trop vite qu'on vous attaque et ne pas prendre les intentions pour des actes; il faut surtout savoir s'arrêter à temps et ne jamais commettre la maladresse de se venger.

§ 3. — *Les traditions d'intolérance et l'éducation intolérante.*

Il est des hommes qui ne savent rien oublier : ils rendent les fils responsables des fautes de leurs pères, ils imposent aux gens une fidélité rigoureuse à des traditions avec lesquelles on voudrait bien rompre. C'est le danger peut-être de l'éducation historique de nous habituer à voir l'avenir à travers le passé. Nous ne pouvons croire à la sincérité de nos adversaires lorsqu'ils tentent de se réconcilier avec nous; nous leur prêtons des pensées secrètes, des desseins cachés; la paix qu'ils viennent nous offrir, c'est une ruse pour nous ruiner plus sûrement. Deux partis bien souvent ne sont séparés que par des haines anciennes, par le souvenir des injures d'autrefois, du mal que l'on s'est fait il y a bien des années. Les différences sont allées s'effaçant; on a mêmes doctrines, on a même programme; on se hait cependant, et il n'y a à cela qu'une cause : c'est qu'on se hait depuis longtemps. Bien des haines religieuses sont, elles aussi, des haines traditionnelles : ce n'est pas tant l'opposition des manières de penser et de sentir, que les vieilles querelles sans cesse rajeunies, que la mémoire toujours vivante de ceux qui sont morts aux galères, de ceux qui ont été pendus par ordre du roi, qui mettent dans le Midi cette infranchissable barrière entre les catholiques et les protestants, entre les oppresseurs et les opprimés d'autrefois. Il y a dans les deux partis une tradition de rancune, de rancune impitoyable et sourde, qui se transmet de génération en génération.

L'éducation, au reste, est différente dans les différentes confessions religieuses : ce ne sont pas les mêmes grands hommes qu'on apprend à vénérer ni les mêmes saints ; ici on parle de Luther comme du libérateur de la foi, comme d'un second saint Paul, là c'est un moine orgueilleux et sensuel, qui a criminellement brisé l'unité sacrée de l'Église. On apprend à ceux-ci que l'Église a fait peser sur les âmes une tyrannie qui les a courbées pendant de longs siècles mutilées et impuissantes ; à ceux-là, au contraire, on enseigne qu'elle est la mère vivante et féconde de ce monde où nous vivons, qu'elle seule est venue illuminer les âmes, qu'elle a apporté aux hommes la liberté, qu'elle a enseigné la charité, la douceur, le pardon ; et docilement, fidèlement, les hérétiques et les orthodoxes, les libre-penseurs et les croyants, apprennent une même doctrine, une doctrine qui est commune à toutes les églises, à toutes les sectes : ils apprennent à haïr.

Certes on n'enseigne pas à haïr les hommes, mais

il est malaisé de distinguer toujours entre la doctrine à qui on jette l'anathème et les hommes qui la professent. Si l'on n'est point accoutumé à respecter les idées de ses adversaires, on en viendra vite à ne plus respecter leurs personnes; il faut aimer les idées mêmes qu'on condamne, il faut les aimer pour la vie qui est en elles, il faut les aimer parce qu'elles sont des pensées, et c'est ainsi que nous apprendrons à ne pas haïr ceux mêmes qui nous haïssent; quelque chose de leur âme passera dans notre âme, nous sentirons comme ils ont senti, et nous leur pardonnerons presque de nous haïr, parce que nous comprendrons les motifs de leur haine.

La charité ne suffit pas à rendre un homme tolérant; on peut devenir persécuteur par charité : mais il est rare qu'un esprit multiple et varié, qui a pris conscience de l'infinie diversité des choses, puisse au nom d'une doctrine s'efforcer de contraindre au silence tous les esprits qui n'ont pas la même foi. De notre temps les âmes vraiment religieuses sentent bien vite que la vérité est complexe, que celle même que Dieu nous a révélée, nous ne pouvons la contenir dans nos dogmes humains, qu'elle déborde et s'épand de toutes parts. On reste attaché à son Église, à sa vérité; on se dit que cette vérité là est plus vraie que les autres, d'une vérité plus haute et plus voisine de Dieu, mais on devine confusément qu'au fond de toute erreur vit quelque chose de divin, on aperçoit derrière tous les symboles et tous les rites, comme s'effaçant dans un nuage de pourpre, l'image sacrée de l'Éternel. Les athées mêmes ne sont point intolérants parce qu'ils sont athées, mais parce que bien souvent ce sont des esprits étroits et dogmatiques; il faut avoir la passion d'affirmer pour affirmer une négation.

§ 4. — *Les persécuteurs par indifférence et l'esprit d'orthodoxie.*

Les vrais athées sont plus rares qu'il ne semble; beaucoup d'excellents esprits ne croient point en Dieu, mais ils ne le nient pas pour cela : ils se contentent de n'y point penser. Ce n'est pas là de l'athéisme, c'est de l'indifférence, mais les indifférents deviennent aisément persécuteurs; les questions religieuses leur semblent de peu d'importance, parce que dans leur vie elles tiennent peu de place; ils oublient facilement des besoins qu'ils n'éprouvent pas et ne ménagent guère des scrupules, des timidités de conscience qui les surprennent et les déconcertent parce qu'ils ne les ont jamais ressentis: ce sont des tyrans sans le savoir. Bien souvent on s'imagine qu'un parti a déclaré la guerre à une religion, l'on se trompe; ce n'est point à la religion qu'il en veut, c'est à ceux qui la professent et qui contrecarrent ses desseins politiques; c'est contre eux qu'il prend des mesures, ce n'est pas contre elle; mais si elle en patit, il ne s'en émeut guère; il ne s'intéresse point à ce que les gens puissent prier Dieu à leur guise. Et c'est ainsi que par insouciance on devient intolérant. Ce n'est pas par insouciance seulement, c'est aussi parce qu'on a dans son propre jugement une foi entière. On n'imagine pas qu'on puisse se tromper, et on se croit en droit de régler à sa fantaisie la vie religieuse d'autrui. On est, on le sait, un esprit éclairé; on a pesé à leur vrai poids les croyances vieillies, les préjugés anciens; pourquoi respecter tous ces vieux dogmes qui encombrent la vie? pourquoi s'incliner respectueusement devant la vérité d'il y a dix siècles au nom d'un libéralisme de convention? La vérité, c'est la vérité d'aujourd'hui, la vérité qui peut donner ses preuves, la vérité qui s'appuie sur des faits. Un homme sérieux n'est pas à sa place dans une église; c'est lui rendre service que de l'empêcher de courber son intelligence au joug de dogmes qu'il rejetterait bien vite s'il prenait la peine de réfléchir. Voilà ce que l'on dit; mais cette vérité dont vous parlez avec tant d'emphase et que vous allez prêchant comme un nouvel Évangile, qu'est-ce donc cependant sinon ce qui vous a paru la vérité? Il y a des lois scientifiques démontrées, et la science est à l'abri de toutes ces querelles; mais qu'est-ce que les lois de la science ont à faire avec la religion? Et si même vous aviez raison, si votre scepticisme ou votre négation étaient la vérité, cela prouverait-il qu'il convienne de rejeter comme un fatras hors d'usage tous les vieux dogmes sacrés dont les hommes ont vécu pendant de si longs jours? Ils ne servent à rien, dites-vous : ce sont des formules hors d'usage, et les cérémonies sont des momeries qui vous répugnent. Ils ne vous servent à rien, est-ce une raison pour qu'ils ne servent point aux autres? ils vous paraissent absurdes, est-ce une raison pour qu'ils le soient? votre esprit est-il donc la mesure où doit s'ajuster toute vérité? Ces cérémonies qui vous ennuient et qui vous choquent, savez-vous si elles ne sont pas la consolation et la joie des âmes? La Trinité vous semble absurde, n'y croyez pas; la messe vous ennuie, n'y allez pas; mais pourquoi vous moquer, pourquoi railler? êtes-vous donc au-dessus des autres? avez-vous le droit de juger à leur place, de devenir pour eux comme une seconde conscience plus impérieuse, plus despotiquement tyrannique que leur conscience même? Ceux qui croient cessent-ils donc d'être des hommes libres? Comment osez-vous, au nom de la liberté, imposer l'orthodoxie du scepticisme, l'orthodoxie de la raillerie et du dédain?

Mais comme on la comprend bien cette attitude des libres-penseurs, lorsqu'on a passé quelques jours dans une famille cléricale! La seule conversation prudente, c'est le silence obstiné : quoi qu'on dise, on est assuré d'avance de choquer tout le monde; tous les sujets sont interdits, et toutes les opinions. La végétation des dogmes et des préceptes est si luxuriante qu'elle a tout recouvert, tout étouffé. Je me souviens de n'avoir osé parler deux heures durant que du métal des cloches et de la meilleure manière de semer le trèfle, et encore tremblais-je de soulever des tempêtes; c'est un mot dit par inadvertance, moins que cela, un geste, une expression de visage, et aussitôt on sent peser sur soi une réprobation muette. On veut réparer sa faute, on en commet de nouvelles. Après une semaine ou deux, on est si las, si énervé, qu'on excuse tous les excès que l'on condamnait le mois d'avant; il faut longtemps pour redevenir libéral.

Les orthodoxes méprisent et plaignent les hérétiques et les sceptiques, les sceptiques se moquent des orthodoxes. Et il y a des orthodoxes dans toutes les religions! Il y a des athées orthodoxes; ils sont rares, mais il y en a. J'ai eu l'occasion d'assister il y a quelques années à une scène curieuse : un jeune homme va rendre une visite à un poète de grand talent. Le jeune homme, très timide, s'embarrasse dans ses compliments. « Vous partagez toutes mes idées sans doute? » dit le poète (il était athée). Le jeune homme proteste. « Vous ne voulez point dire cependant que vous soyez chrétien? — Mais si. — Catholique peut-être? Et vous pratiquez? vous vous confessez? Quelle honte! quelle intolérance! Si encore vous étiez protestant! Dire que l'on est protestant, c'est une façon de laisser entendre qu'on n'est plus chrétien; mais catholique! Vous approuvez sans doute l'œuvre de l'Inquisition ! Quelle monstruosité ! » Et le poète de palper la tête du jeune homme dans l'espoir de découvrir dans quelque anomalie cranienne le secret de cette affligeante déraison.

Il est si étrange pour un esprit dogmatique qu'il y ait d'autres manières de penser que la sienne ! C'est une idée à laquelle il ne peut s'habituer, elle le gêne, elle l'irrite. Tous les hommes n'ont pas le beau sang-froid d'un vieux médecin de campagne, qui classait tous ses adversaires en deux catégories : les sots et les fripons. On voudrait bien se ranger à cette opinion qui est commode et qui dispense de réfléchir; mais on se heurte à mille objections : « Un tel est catholique, mais il est bon géomètre; un tel qui ne croit pas en Dieu est réputé de tous un parfait galant homme ». Ce sont-là des contradictions qui dérangent et qui ennuient; on ne sait plus que croire ou que penser; on s'en tire par la violence, par la brutalité, par l'injustice; il est si cruel de renoncer à être le dépositaire et le révélateur de la vérité tout entière ! Que ne sacrifierait-on pas à la belle ordonnance d'une orthodoxie !

Les orthodoxes sont des gens chatouilleux, tout les choque et les scandalise ! Souvent leur *Credo* est un *Credo* négatif; leur seule foi, c'est la haine des doctrines qu'ils ont rejetées. Il en est très peu parmi les adversaires actuels du catholicisme qui le combattent au nom d'un autre dogme; on commence à lutter contre lui pour des raisons politiques, parce que l'organisation hiérarchique du clergé semble menaçante pour le parti républicain, parce que curés et évêques donnent dans les élections leur appui aux candidats conservateurs, parce que l'Église s'est faite autrefois l'alliée du régime impérial; puis on en vient à lutter simplement parce qu'on lutte depuis longtemps; les cérémonies, les rites, la morale, on voudrait tout supprimer. C'est au nom de la liberté de conscience qu'on a commencé le combat, c'est au fanatisme qu'on aboutit. On voulait d'abord obliger l'Église à ne contraindre personne à aller à la messe, on veut maintenant contraindre tout le monde à n'y point aller.

Un évêque, ancien élève d'une grande école du gouvernement, a institué un service funèbre pour le repos de l'âme de tous ses anciens camarades; on prévient les élèves et les anciens élèves de l'heure à laquelle le service sera célébré; indignation d'un journaliste, qui demande une enquête ministérielle. Il faut réprimer, dit-il, cette manifestation cléricale. Au reste, si quelques positivistes orthodoxes, élèves de cette même école, accomplissaient aux funérailles d'un ami les cérémonies que prescrit Aug. Comte, les journaux catholiques épuiseraient tout leur vocabulaire d'indignation et d'insulte contre le gouvernement qui tolèrerait un pareil scandale.

On sait l'indignation qu'ont toujours soulevée dans le parti conservateur les enterrements civils; on n'est point allé jusqu'à demander que l'on impose à tous les Français de faire suivre leur cercueil par un prêtre, mais on aurait voulu cacher à tous les yeux les enterrements civils, les dissimuler comme une honte. L'Église avait fini par se résigner aux enterrements protestants, il lui avait fallu pour cela de longues années; il lui semblait qu'elle ne pouvait tolérer cette nouvelle atteinte à son autorité; on insultait à la fois, pensait-elle, à la majesté de Dieu et à la majesté de la mort. Il semble toujours qu'on soit opprimé, si l'on ne peut point, en toute liberté, persécuter ceux qui ne croient point comme vous croyez.

§ 5. — *La tolérance et les institutions modernes.*

Beaucoup de bons esprits s'en prennent à nos institutions de notre intolérance : il ne paraît pas qu'ils aient raison. Nos institutions en valent d'autres; il est peu de régimes aussi libéraux que celui sous lequel nous vivons. Ce sont nos mœurs qu'il faudrait réformer. Certes on peut souhaiter la suppression de l'autorisation préalable[1]; en fait, elle gêne bien peu de gens : on ne la refuse guère à ceux qui la demandent, et les fondateurs de cultes nouveaux sont rares en France. Les protestants peuvent à leur gré évangéliser le pays. La lutte est en réalité circonscrite entre l'Église catholique et une certaine fraction du parti républicain. Les me-

1. Il faut une autorisation pour ouvrir une chapelle ou célébrer un culte; cette autorisation peut être refusée.

sures législatives ne peuvent rien changer à cet état d'hostilité. Elles valent ce que valent les intentions qui les ont inspirées. La séparation de l'Église et de l'État, ce peut être indifféremment l'asservissement ou la domination de l'Église, et cependant c'est une mesure de liberté, c'est une mesure d'affranchissement. S'imagine-t-on qu'on se haïrait moins parce que les liens officiels seraient rompus? Il n'est pas de loi, si libérale qu'elle semble, qui ne puisse devenir un instrument de persécution. Neutralité religieuse, retour au droit commun, est-il rien de plus libéral que ce qu'expriment ces mots-là? N'est-ce pas cependant dans la bouche de quelques-uns une déclaration de guerre à certains dogmes, à certains rites, à une certaine conception de la vie, à une certaine classe d'hommes? Ce que réclame avec insistance l'Église, la pleine liberté de propagande, l'entière indépendance, n'est-ce pas ce que la justice contraint de lui accorder? Mais cette liberté qu'elle revendique pour elle, c'est pour elle seule qu'elle la revendique; elle nie à tous ceux qui ne sont pas ses fidèles le droit d'obéir à leur conscience, ce sont à ses yeux des rebelles qu'en toute rigueur il faudrait frapper; ils doivent se tenir pour satisfaits si on les supporte. La prétention qui reparaît sans cesse dans l'Église, c'est la prétention à gouverner spirituellement, à réduire l'État au rôle d'un gendarme, d'un gendarme qui à l'occasion saurait mettre à la raison ceux qui professent avec trop d'éclat de mauvaises doctrines.

§ 6. — *Les causes religieuses de l'intolérance.*

Les intolérants qui ne croient point en Dieu ont souvent aussi tracassiers que les autres; souent ils sont aussi violents, ils ont l'esprit aussi ermé aux sentiments qu'ils n'éprouvent point; nais, tout compte fait, il est plus aisé de s'arranger ivec eux. C'est que les hommes qui sont attachés une religion ont des raisons d'être intolérants ue n'ont point les autres hommes. Ils n'obéissent as seulement à leur raison, à leur orgueil, à leur goïsme, ils obéissent aux ordres de Dieu, ils sont es exécuteurs de ses volontés; ils ne se croient as le droit d'être tolérants; s'ils se résignent à e pas persécuter, c'est à la suite de raisonnenents si compliqués, si subtils, si lointains, que ien peu les peuvent suivre; bien souvent aussi 'est par inconséquence, parce qu ils sont doux et haritables, parce qu'ils ont horreur de la violence. Iais il ne faut pas trop compter sur ces inconséquences-là; il semble qu'il y ait quelque lâcheté laisser périr l'âme d'un homme pour s'épargner e spectacle de ses souffrances. Que penserait-on l'un chirurgien qui, pour ménager ses nerfs, se refuserait à faire une opération indispensable?

Sans doute, on peut arriver à admettre que ce n'est pas l'adhésion passive à une formule qui sanctifie l'âme, que c'est l'amour en acte, la confiance dans un Sauveur, la foi comme l'entendait

Luther; mais alors aussi, que d'objections! Longtemps ce sont les lèvres qui murmurent des prières; on s'agenouille, on va à l'église, on prend de l'eau bénite, on fait des signes de croix, on communie; tout cela, c'est une corvée qu'on subit. Mais lentement la foi vient, les émotions s'éveillent; on a plié la machine, l'âme se retourne librement vers Dieu; peut-être aussi est-ce l'action de la grâce divine, elle va naturellement à ceux qui ont su humilier leur orgueil. Tout cela, on l'a soutenu, et que répondre? Certes, une telle prétention est contraire à la justice; on ne peut m'imposer du dehors une foi qui n'est pas la mienne, on n'a point le droit de me contraindre à confesser des dogmes où je ne puis et ne veux plier ma raison; mais de quelle justice s'agit-il? d'une justice humaine, laïque, égale pour tous, d'une justice qui sait les hommes faillibles, d'une justice qui ne croit pas qu'aucune vérité qui dépasse ce monde soit si certaine qu'on la puisse imposer? Est-ce là la justice comme la comprend celui qui parle au nom de Dieu? Pour lui, il n'y a qu'une justice, qu'une vérité : c'est la parole de son maître. Que lui importent les doutes des hommes et la morale qu'ils ont édifiée sur ces doutes?

§ 7. — *Caractère social de la religion.*

S'il n'y a qu'une vérité, si hors d'elle il n'y a qu'erreur ou folie, n'ai-je pas le droit d'empêcher l'erreur de se répandre? n'ai-je pas le droit d'exiger que ceux qui n'ont pas la force de croire se taisent et n'empoisonnent pas de leurs négations et de leurs défaillances l'âme des enfants et des simples? Est-il sûr, au reste, que les hommes soient indépendants les uns des autres et que Dieu ne punisse pas sur les justes les crimes des blasphémateurs? On affecte de notre temps de considérer la religion comme ce qu'il y a de plus intime, de plus personnel dans l'homme; mais c'est là une idée toute moderne; dans son essence même, la religion est chose sociale. Les cérémonies religieuses étaient dans les cités grecques liées étroitement à la vie politique, à la vie publique des citoyens; Iahveh a contracté alliance avec le peuple d'Israël, Kamos est le protecteur du peuple de Moab.

Le même caractère se retrouve dans les Églises chrétiennes. Ce qui trompe, c'est le divorce qui s'est opéré entre la société religieuse et la société civile; mais ce divorce que l'esprit même du Christ a inspiré, l'Église ne l'a point accepté : toutes ses traditions, toutes ses habitudes, la contraignent à le condamner. Et ce n'est pas l'Église romaine seule qui condamne cette doctrine que l'État ne doit pas se confondre avec la société religieuse, les « clergymen » anglais s'accordent en cela avec les prêtres catholiques. C'est la société, c'est la nation qui doit adorer Dieu, qui doit lui manifester publiquement son respect. On prononçait encore en France, il n'y a pas très longtemps, des prières publiques à l'ouverture des Chambres pour attirer les bénédictions de Dieu sur les travaux des législateurs. Dans les tribunaux, l'image du Christ est placée au-dessus des magistrats : il semblerait qu'ils sont les exécuteurs de la justice divine. Dans presque tous les pays d'Europe, la religion a sa place officielle dans l'État. En Belgique, l'Église est séparée de l'État, et cependant les évêques ont droit à certains honneurs. Ce sont là des habitudes anciennes, et si puissantes que l'esprit de l'Évangile n'a pu prévaloir contre elles.

La grande originalité du christianisme, ce n'est pas sa morale, ce ne sont pas ses dogmes, c'est la conception que le Christ a apportée au monde des rapports de l'homme et de Dieu. Les vieilles religions sociales sont brisées, une religion nouvelle est née où l'homme et son Père céleste restent seuls en présence ; pour l'amour de son Père, pour l'amour du Maître divin, le disciple doit être doux et charitable ; il doit se donner tout entier à ses frères, ne pas les juger, ne pas les condamner : ils sont comme lui les enfants de Dieu, et ce sont tous les hommes qu'il doit aimer, les gentils comme les juifs. C'est qu'il n'existe plus de liens religieux entre lui et d'autres hommes : c'est dans le Christ qu'il aime ses frères ; le culte officiel est détruit ; le temple désormais, c'est l'âme du disciple. « Femme, crois-moi, l'heure vient où ce ne sera ni sur cette montagne, ni à Jérusalem que vous adorerez le Père... L'heure vient et elle est déjà venue où les vrais adorateurs adoreront le Père en esprit et en vérité » (Jean, IV, 21-23). Le chrétien ne fait partie d'aucune société religieuse ; il est l'ami de Dieu, c'est en lui qu'il vit, en lui qu'il pense ; il ne peut songer à opprimer ceux qui ne sont point liés à lui ; son salut est son œuvre à lui seul, l'œuvre de sa foi, l'œuvre de la grâce toute-puissante, de la Χάρις τοῦ Θεοῦ. Mais ce christianisme idéal n'a jamais vécu que dans la pensée du Maître ; c'est peut-être le christianisme de l'avenir, ce n'est point à coup sûr le christianisme du passé.

Dans les premières communautés chrétiennes s'est vite introduite la notion d'Église ; on la retrouve déjà dans les lettres de Paul et dans les Actes[1]. Il ne pouvait en être autrement. Les juifs et les païens qui se convertissaient à la doctrine nouvelle apportaient avec eux leurs habitudes de culte, leurs pratiques rituelles, ils ne pouvaient s'en dégager complètement. Ils se tenaient à l'écart de la société païenne, ils formaient une société d'amis : ils sentirent vite le besoin de se donner une organisation, et la religion chrétienne devint bientôt une religion sociale, une religion où le fidèle sentait qu'il faisait partie d'un corps, que ses frères dépendaient de lui et qu'il dépendait

1. Les Évangiles sont, on le sait, postérieurs aux Actes des Apôtres et aux Épîtres de Paul, mais la doctrine morale et religieuse qu'ils renferment est de date plus ancienne (je n'entends parler ici que des synoptiques) que celle qui est contenue dans les premiers monuments du christianisme.

de ses frères. Déjà dans l'Évangile apparaissait l'idée d'un salut collectif; les préoccupations millénaires, l'idée du royaume de Dieu, resserraient encore les liens qui unissaient les uns aux autres les disciples de Jésus; de jour en jour ils attendaient la parousie du Christ, ils regardaient vers le ciel, ils espéraient que le Fils de l'Homme allait apparaître sur les nuées et appeler à la vie éternelle tous ceux qui avaient mis en lui leur espérance. Plus tard, la doctrine du péché originel, la doctrine des œuvres méritoires, celle des mérites surérogatoires des saints, vinrent fortifier encore cette idée que tous les fidèles ne formaient qu'un seul corps et que chacun était en quelque mesure responsable des actes de tous.

C'est du reste la conception qui, claire ou confuse, se cache au fond de toutes les doctrines religieuses qui n'ont pas réduit la religion tout entière aux rapports personnels de l'individu avec Dieu. Il est fort naturel de supposer que le Dieu qu'on adore châtiera le corps tout entier par colère contre un de ses membres. Tous les voyageurs ont été frappés de l'extrême danger qu'il y a à ne pas traiter avec respect les dieux qu'adorent les sauvages : la raison en est simple, les sauvages craignent que la colère des dieux offensés ne s'appesantisse sur eux. Les Australiens sont d'ordinaire fort tolérants pour les blancs, ils accueillent bien les missionnaires, mais c'es qu'ils considèrent les Européens comme des sor ciers beaucoup plus puissants que leurs dieux.

C'est d'ordinaire contre leurs fidèles, contre ceux qui croient en eux que les dieux déploient toute leur rigueur : ce ne sera pas l'étranger audacieux que le Dieu fera mourir, ce seront ceux mêmes qui apportent leurs offrandes à son autel ; il châtiera parfois la tribu entière ; le seul moyen de l'apaiser, c'est de punir le coupable, de le tuer. On sait l'impression profonde qui fut produite dans Athènes par la mutilation des Hermès : on craignait que toute la cité n'eut à expier le crime des profanateurs. C'est à la colère des dieux que la populace de Rome attribuait bien souvent les disettes, les inondations, les défaites ; cette colère, c'était quelque outrage qui l'avait provoquée. Si les magistrats romains obligeaient les chrétiens à sacrifier aux dieux, c'était sans doute pour les contraindre à faire acte de soumission, à s'incliner devant la majesté de l'empereur ; mais il n'est pas certain que ce fût là la seule raison. Les chrétiens refusaient d'adorer les dieux protecteurs de l'Empire ; qui aurait pu croire que les dieux n'en seraient point offensés et ne vengeraient pas en frappant le peuple romain l'outrage qu'ils recevaient? Les lois sur le blasphème, sur le repos du dimanche, la loi sur le sacrilège votée en 1824, ne sont pas inspirées par un autre esprit. Si on a persécuté les hérétiques, c'est sans doute avant tout pour sauver les âmes, c'est pour affermir la domination de l'Église, mais c'est aussi parce que la colère de Dieu aurait frappé ceux qui n'auraient point vengé l'insulte faite à sa religion sainte. On entend encore des prêtres attribuer dans leurs sermons les mauvaises récoltes à l'impiété régnante. En 1846, l'évêque de Nantes faisait des excès de la presse et du travail du dimanche les causes des inondations de la Loire. Dans un petit village du Dauphiné, un paysan battait son blé un dimanche, c'était au moment de la guerre de 1870, je me souviens que le curé s'est écrié du haut de la chaire : « Ces coups de fléau retentiront jusqu'en Prusse ». En bien des villages on a rendu le gouvernement responsable des ravages du phylloxéra : il a laïcisé les écoles, il a chassé les bonnes sœurs, Dieu a puni la France. Ce sont là des conceptions très répandues encore ; il n'est pas besoin d'insister pour montrer qu'elles doivent naturellement conduire à l'intolérance.

On peut bien demander à un homme de ne pas se préoccuper de mon salut ; mais si son salut à lui, si son bonheur en cette vie dépendent de mes actes, si mon incrédulité peut attirer sur lui la colère d'un maître tout-puissant, comment pourrais-je obtenir qu'il ne me contraigne pas à partager sa foi ou du moins à pratiquer son culte? Si tous les hommes sont solidaires, si les fautes et les mérites de tous sont indifféremment imputables à tous, si ce n'est point de nous seuls que nous avons à répondre devant l'Éternel, il est certain que ce n'est que par un effort héroïque de charité que nous pourrons nous déterminer à respecter la liberté d'autrui. Cet effort est-il sage de l'attendre de tous ? Consentir à voir sa fortune ruinée, consentir à perdre enfants et femme, consentir à être damné peut-être, pour ne point blesser les scrupules, les délicatesses, les fiertés d'une âme, peut-on demander cela au commun des hommes, peut-on même le demander à personne? Notez que cette âme est celle le plus souvent d'un adversaire, d'un ennemi; que sa foi, nous la jugeons absurde et coupable, dangereuse pour les autres et dangereuse pour lui.

Et cependant qui oserait tenter de détruire ces liens qui unissent les uns aux autres ceux qui adressent à Dieu les mêmes prières, qui participent aux mêmes cérémonies et aux mêmes mystères? La foi individuelle est chancelante et faible, c'est dans les Églises seules qu'elle peut se fortifier et grandir. La pain de chaque jour qu'il faut gagner, les joies et les chagrins de toutes les heures nous détournent sans cesse de l'éternel; au milieu de notre vie qui passe et qui s'enfuit, nous ne songerions pas aux choses qui ne passent point, si toutes les habitudes de notre vie, les habitudes que nous avons prises alors que nous étions enfants, ne nous contraignaient sans cesse d'y penser. Avons-nous donc le droit de faire bon marché de la vie religieuse? avons-nous le droit d'ôter à l'homme le moyen de vivre ici-bas la vie éternelle pendant les heures brèves que laissent à vivre les affaires et les chagrins? Ne serait-ce pas la pire des tyrannies? Faut-il donc opprimer ou être opprimé? N'y a-t-il au problème aucune solution?

§ 8. — *Les progrès de la tolérance. — Leurs causes. La complexité de l'esprit moderne.*

Tout d'abord, remarquons qu'il est en partie résolu. Malgré nous, tous tant que nous sommes, catholiques et libres-penseurs, nous sommes devenus plus libéraux que nous n'étions jadis, nous ne pouvons plus aller jusqu'au bout de nos principes, nous n'oserions plus attenter à la vie d'un homme parce qu'il est impie; à peine oserions-nous attenter à sa liberté. Nos esprits se sont ouverts aux idées des autres; lentement, silencieusement, elles se sont glissées en nous; nous les condamnons encore des lèvres, mais elles ne nous apparaissent plus aussi odieuses, aussi coupables qu'autrefois; c'est qu'elles ne nous sont plus nouvelles. A leur contact nos conceptions s'affaiblissent; elles ont perdu sur nous quelque chose de leur puissance ancienne. Plus un esprit est fécond, plus est abondante et vigoureuse la végétation d'idées qui se développe en lui, plus il lui est facile de se soustraire à la tyrannie dominatrice d'une conception ou d'une image. L'intolérance, c'est essentiellement l'unité, la simplicité de l'esprit. Une âme très complexe, très diverse, ne peut guère se donner toute à une seule idée; elle est divisée contre elle-même, tirée de mille côtés à la fois.

Rien de plus uniforme cependant, de mieux réglé que la conduite des hommes dont l'intelligence est multiple, occupée de conceptions variées et divergentes ; sans qu'ils l'aient toujours formulée nettement, ils se sont fait à eux-mêmes une règle de vie, et, précisément parce que leur esprit compliqué, qui tient à toutes choses par mille liens divers, les met à l'abri des grandes crises de passion, ils y restent ordinairement fidèles. De tempérament, ce sont des modérés ; ils répugnent aux excès, ils se défient des solutions extrêmes. Si fanatiques que soient encore à certaines heures de leur vie bon nombre d'entre nous, nous sommes tous, en quelque mesure, des modérés, parce que nous avons tous peine à comprendre les convictions brutales et sans nuances ; ceux mêmes qui semblent les plus entiers dans leur opinion transigent avec elle à toute heure du jour. Les ouvriers, les paysans eux-mêmes ne sont plus ce qu'ils étaient autrefois ; ils ne sont certes pas devenus libéraux ; par liberté de conscience, ce qu'entendent les ouvriers des villes c'est d'ordinaire la persécution contre le clergé, et tous les préjugés traditionnels ont gardé sur l'esprit des paysans quelque chose de leur puissance ancienne. Mais un apaisement s'est fait cependant dans les esprits : on hait ses adversaires, mais on ne les hait qu'à demi, on n'ose plus obéir à sa haine. Les sentiments sont peut-être les mêmes qu'il y a cent ans, mais ils ne peuvent plus conduire aux mêmes actes. Des objections confuses, à peine conscientes, des commencements d'idées qui ne se précisent pas, des théories vagues, faites de mots plutôt que de pensées, ont sourdement envahi l'intelligence de tous. Aussi sommes-nous gênés, embarrassés dans notre action ; il nous faut faire effort pour céder à nos penchants ; il nous faut nous exciter, nous entraîner les uns les autres pour nous décider à une détermination violente.

Les mots ont changé de valeur ; on en vient à considérer comme des persécutions, comme des attaques ouvertes au droit et à la liberté, des mesures qui n'auraient scandalisé personne il y a un siècle. Nous sommes devenus plus susceptibles qu'autrefois ; il est plus facile de nous blesser, même en s'en prenant aux autres ; c'est peut-être là le plus grand progrès que nous ayons réalisé.

§ 9. — *Changements dans la conception des rapports de Dieu et de l'Église.*

Mais il semble qu'une autre transformation s'accomplisse, aussi profonde et plus obscure encore. Notre conception des rapports de Dieu et de l'Église s'est insensiblement modifiée ; le caractère social de la religion va s'effaçant. Malgré les apparences, on retourne, sans en avoir nettement conscience, au christianisme évangélique ; les dogmes ont été rejetés à l'arrière-plan ; dans bien des confessions chrétiennes, on a une tendance à ne plus donner aux sacrements qu'une valeur symbolique; c'est la prière, c'est le sentiment moral, c'est l'union directe de l'âme et de Dieu qui semblent devenir l'essentiel de la foi.

Les raisons de cette évolution sont multiples. Tout d'abord le clergé catholique, d'année en année, s'occupe moins de théologie; les fortes et scolastiques études d'autrefois ne sont plus qu'un souvenir dans bien des séminaires; l'esprit des prêtres s'est laïcisé : ils se sont mêlés à la vie du siècle, ils ont laissé des pensées mondaines se glisser dans la trame serrée de l'argumentation catholique; ils lisent des journaux, des revues, ils lisent des livres écrits par des hommes qui ont reçu une éducation laïque et scientifique; ils peuvent être intolérants, mais leur intolérance ne peut avoir la même forme qu'autrefois.

Le protestantisme libéral et la libre-pensée déiste ont exercé une influence profonde : on s'est familiarisé avec l'idée d'une religion sans dogmes, on a pris des libertés avec les traditions de l'Église et les textes des Écritures. Clergé et fidèles interprètent à leur gré la doctrine, et parfois avec une très grande hardiesse, inconsciente bien souvent. L'Église catholique est toute remplie d'hérétiques maintenant; il en est beaucoup parmi les fidèles qui sont ariens, beaucoup d'autres pélagiens. Il ne se produit pas d'hérésies nouvelles, mais c'est qu'il ne se publie pas de traité catholique de théologie dogmatique :

des manuels et des œuvres historiques, souvent de grande valeur, c'est là tout le bagage du clergé.

On ne prête pas toujours à ces faits toute l'attention qu'il faudrait; la raison en est simple : à mesure que s'accroissait dans l'Église catholique la liberté religieuse, la discipline devenait plus étroite, l'unité doctrinale se brisait, s'émiettait en parcelles, mais le clergé se concentrait en une seule armée sous l'autorité incontestée du Souverain-Pontife. Les cérémonies, les pratiques extérieures du culte, les images de piété, les dévotions nouvelles (Lourdes, La Salette) ont pris une importance extrême. On a vu là un réveil dogmatique, un renouveau théologique; c'est tout le contraire. L'Église est vivante; il lui faut, si elle veut vivre, créer sans cesse; elle ne peut pas innover en matière de dogmes : les dogmes nouveaux qu'elle proclame sont des dévotions nouvelles ou des règles nouvelles de discipline ecclésiastique (l'Immaculée-Conception, l'Infaillibilité). Elle s'est fermé à elle-même la théologie, elle s'en tient à l'apologétique; il fallait donc qu'elle employât à d'autres objets la puissance de créer qui était en elle.

Il ne faut pas oublier au reste qu'il n'y a plus d'Église de France; l'Église catholique est une maintenant : c'est le catholicisme italien qui règne en France, un catholicisme où le dogme tient peu de place, où le culte extérieur, les cérémonies fastueuses, le recouvrent et le cachent. L'obéissance extérieure au clergé, la fréquentation des offices et des sacrements, c'est à cela pour beaucoup de fidèles que se réduit la dogmatique ; bien des prêtres de campagne ne sont pas très loin de penser sur ce point comme leur troupeau. La liberté de penser, et j'entends la liberté de penser en matière religieuse, est chaque jour plus grande dans l'Église catholique ; le clergé tient avant tout à ce qu'on ne rompe pas ouvertement avec l'Église ; il est devenu très modéré dans ses exigences, il ne refuse les sacrements à personne, et croit sur parole tous ceux qui se donnent pour orthodoxes. On peut encourir cent fois l'excommunication et n'être point excommunié. Le clergé ne regarde pas de trop près ni à ce que vous pensez, ni à ce que vous dites, ni à ce que vous faites ; il ne vous demande guère qu'un acte de soumission et de déférence extérieure.

C'est que l'Église catholique est aujourd'hui à la tête d'un parti politique : il lui faut ne décourager personne, ne détourner d'elle aucun allié utile. Cette attitude militante, qui est précisément la cause des conflits qui existent entre elle et la société civile, l'a forcément amenée à n'être pas sévère pour les siens. La tolérance du clergé a réagi sur les fidèles, et, à mesure que la foi devenait plus individuelle et plus libre, à mesure que se multipliaient les interprétations diverses du dogme, interprétations obscures et mal définies, qui n'ont trouvé que bien rarement une forme pour s'exprimer, les membres de l'Église se sentaient moins étroitement liés entre eux.

L'idée même d'Église s'est lentement effacée : pour la plupart des fidèles, l'Église, ce sont les prêtres. Le rôle religieux du laïque a disparu ; les fidèles, isolés les uns des autres, ne se sentent plus unis en Christ, ils ne s'édifient plus ; toutes les confréries du monde n'y peuvent rien changer.

On devient vite tolérant pour les hommes dont les destinées ne sont pas liées aux vôtres, et c'est ainsi que peu à peu le sentiment de l'obligation pour tous les hommes de se soumettre à une même foi a perdu sa puissance sur les âmes. Des catholiques fort orthodoxes en sont arrivés à penser que chacun a le droit de croire ce qui lui paraît la vérité et de pratiquer ce qu'il croit. Cette doctrine, l'Église ne la proclamera jamais, mais elle s'y conforme dans les faits ; elle l'enseigne même tout bas. Elle bénit les mariages mixtes, elle n'exige plus que tous les enfants issus d'un mariage mixte soient élevés dans la religion catholique, elle accepte le partage. Beaucoup de confesseurs autorisent leurs pénitents à prier pour les âmes de leurs parents morts hérétiques ou libre-penseurs ; c'est donc qu'ils pensent que le salut est possible hors de l'Église, que les hommes, même ceux qui sont investis du sacrement de l'Ordre, ne peuvent poser de limites à la miséricorde de Dieu. On a adouci une doctrine qui semblait trop rigoureuse ; on n'a pas changé la loi à vrai dire, mais lentement on la laisse tomber en désuétude. En Angleterre, aux États-Unis, l'Église fait preuve d'un libéralisme plus grand encore : le cardinal Manning préside une réunion de l'association pour l'arbitrage international; des ministres de l'Église anglicane, des pasteurs dissidents, et jusqu'à des sécularistes comme M. Holyoake, y prennent la parole, et nul n'en est choqué. De véritables conciles se sont tenus aux États-Unis où siégeaient des ministres de tous les cultes, et ce ne sont pas seulement des questions toutes pratiques et sur lesquelles on est vite d'accord, des questions de charité et de bienfaisance, qu'on a traitées là; on s'est occupé de l'enseignement moral. Des évêques et des rabbins, des agnostiques et des presbytériens, étaient assis côte à côte, les discussions ont été pacifiques et courtoises[1].

En France même, on peut voir dans de certaines œuvres, comme l'Alliance française par exemple, le nom d'un cardinal figurer à côté de ceux d'adversaires très déterminés du catholicisme.

Il semble donc bien que, malgré la lutte tantôt ouverte tantôt cachée qui existe partout entre l'Église romaine et la société civile, les rapports se soient détendus et qu'on marche, sans le chercher peut-être et sans le voir toujours clairement, vers un avenir meilleur.

Mais ce qui paraît s'atténuer et s'amoindrir ainsi, sinon disparaître, ce n'est pas l'intolérance, c'est une des formes qu'elle peut revêtir, l'intolérance

1. Il ne faut rien exagérer cependant; dernièrement l'évêque de Newark excommuniait les parents qui envoyaient leurs enfants aux écoles publiques.

théologique, il faudrait même dire l'intolérance dogmatique[1]. On ne conçoit plus comme autrefois l'unité de foi ni la solidarité religieuse; les idées ont changé sur ces points-là, et par contre-coup les sentiments. C'est précisément cette si forte diminution de l'intolérance théologique, cette sorte d'indifférence en matière de dogmes, cette conception plus intime, moins sociale et moins extérieure qu'on tend à se faire de la religion, qui a donné le change à beaucoup de gens. On n'a pas réfléchi que l'intolérance politique n'a pas disparu, ni l'aspiration de l'Église à la domination universelle, ni l'orgueil des sectes, ni cet égoïsme intellectuel qui est au fond de toutes les intolérances, et qu'il n'est pas besoin d'autre chose pour que la

1. Nous avons insisté tout particulièrement sur le conflit qui existe entre l'Église romaine et la société civile, parce que c'est actuellement la forme la plus habituelle que revêt l'intolérance dans notre Occident; ce que nous connaissions par nous-même, pour l'avoir nous-même observé, c'était l'intolérance des libre-penseurs et des catholiques français, aussi est-ce de cette intolérance-là que nous avons surtout parlé. Il y avait au reste à cela une autre raison, c'est que c'est de l'intolérance en France que traitaient presque exclusivement les manuscrits soumis à l'examen de la Commission. Peut-être aurait-il mieux valu sortir de ce cadre restreint, et chercher à faire comprendre par des arguments généraux et abstraits quelle grave infraction à la justice nous commettons lorsque nous cherchons à imposer notre foi à ceux qui ne la partagent point. Tel a été du moins l'avis de quelques-uns des membres de la Commission. Mais c'était là un travail fait et si excellemment qu'il ne faut pas s'étonner que la plupart des concurrents n'aient point tenté l'audacieuse entreprise de le refaire après un maître. Peut-être aussi ont-ils pensé qu'à l'heure présente ils pouvaient faire une plus utile besogne en restant sur un terrain pratique et en traitant les questions qui occupent actuellement l'opinion.

liberté de conscience soit entravée et gênée de mille manières.

Sans doute on ne craint plus autant qu'autrefois d'être damné parce qu'on n'aura pas contraint son prochain à se convertir; mais l'une des raisons tout au moins qui ont rassuré les consciences, c'est qu'aujourd'hui l'enfer nous inspire beaucoup moins de terreur; on s'est habitué à compter sur la bonté de Dieu et sur sa miséricorde; il semble à bien des demi-chrétiens qu'il n'est pas de péché qu'il ne pardonne, qu'il est trop bon pour être sévère, qu'il connaît les faiblesses des hommes, et qu'il ne demande qu'à oublier.

Mais on peut être fort intolérant sans penser un seul instant que la tolérance soit un péché grave et qui mette en péril le salut éternel; certains matérialistes et certains athées prouvent à eux seuls qu'il ne suffit pas de n'être point théologien pour être libéral. C'est de notre temps surtout qu'il peut y avoir des intolérants et des libéraux dans toutes les églises, dans toutes les confessions religieuses, dans toutes les sectes, dans tous les partis; la tolérance n'est plus autant qu'autrefois affaire de dogme, c'est en quelque mesure affaire de largeur ou d'étroitesse d'esprit, affaire de caractère et, pour tout dire, de tempérament.

Il ne faudrait pas conclure de là qu'il est inutile de plaider la cause de la tolérance; à force de répéter les mêmes choses, de présenter sans cesse les mêmes idées sous des formes nouvelles, on finit par les imposer à l'esprit de tous; les gens ne les adoptent pas, mais ils les subissent, elles deviennent des habitudes de leur intelligence, c'est avec elles qu'il leur faut penser; ils ont beau faire, c'est dans la voie qui est ouverte qu'il leur faut marcher et, en dépit d'eux-mêmes, aller plus avant. Les caractères les plus autoritaires deviennent libéraux dans un pays où tout le monde est libéral; on reste hautain, violent, bourru, grossier même, mais on ne cherche à tyranniser personne, on n'y songe pas plus qu'à prendre un porte-monnaie dans la poche de son voisin ou à prêter un faux serment devant un tribunal.

§ 10. — *Une forme politique de l'intolérance religieuse. L'Église catholique et l'État moderne.*

Il importe de s'attaquer surtout aux formes d'intolérance qui de nos jours et dans notre pays sont vivantes encore. C'est tout d'abord l'intolérance politique. La lutte qui, au grand dommage du pays, s'est engagée entre l'Église et la société civile est une lutte politique, c'est une lutte pour la domination. La question n'est pas de savoir si l'on sera libre d'adorer Dieu et d'obéir à sa conscience, mais de savoir qui gouvernera. Une corporation ancienne, respectée de longue date, l'Église catholique, aspire à gouverner en souveraine tous les États; les gouvernements n'y veulent pas consentir : de là une lutte, ici plus aiguë, là plus douce, mais qui existe partout. Cette corporation professe certains dogmes, elle accomplit certaines cérémonies, elle enseigne certaines obligations; ses adversaires attaquent les dogmes, les cérémonies, les obligations, mais pour une seule raison, c'est que ce sont les dogmes, les cérémonies et les obligations de l'Église romaine. Les gouvernements qui semblent les plus décidés à maintenir l'Église dans son domaine propre et à ne lui laisser aucune place dans le maniement des affaires publiques sont des gouvernements démocratiques; aussi l'Église est-elle, par intérêt comme par tradition, l'adversaire habituelle de toutes les démocraties. Mais ce n'est pas une conséquence nécessaire de ses dogmes, Léon XIII l'a solennellement proclamé dans une Encyclique, et en Amérique, où l'Église n'a pas pu prendre les habitudes d'autorité qu'elle avait contractées dans les États d'Europe, elle s'accommode très aisément des institutions libérales.

Ce n'est pas entre le dogme catholique et la théorie de la souveraineté du peuple qu'il y a conflit, mais entre les prétentions des électeurs républicains qui veulent se gouverner tout seuls et celles de l'Église qui veut les gouverner malgré eux. La conclusion que tire l'Église de tout cela, c'est que la démocratie c'est le règne de l'athéisme; les républicains concluent de leur côté qu'il faut par tous les moyens empêcher les enfants de devenir catholiques. L'exemple des États-Unis est là cependant pour prouver qu'il est aisé de vivre en bonne intelligence.

Si l'Église fait souvent une opposition violente aux réformes démocratiques, ce n'est pas parce que ses dogmes théologiques ou moraux lui commandent cette opposition; ce n'est pas en tant que société religieuse qu'elle agit alors, mais en tant que corps ancien et aristocratique; c'est à ses traditions politiques qu'elle obéit, non pas à ses traditions religieuses. Elle a été l'alliée de tous les corps aristocratiques, l'alliée de toutes les monarchies: par habitude, par tradition, elle combat pour la monarchie, elle combat pour la noblesse, pour toutes les classes anciennes et fortement constituées comme elle l'est elle-même.

Son organisation centralisée, sa hiérarchie si simple et si solide, font du clergé un admirable instrument de gouvernement: la tentation est très forte pour ceux qui sont à sa tête. Mais cette tentation, ils n'y ont cédé que dans les pays où l'Église avait eu une place dans le gouvernement, où le temporel et le spirituel n'avaient pas toujours été séparés. Aux États-Unis, la question ne s'est pas posée parce que l'Église catholique n'a pas en Amérique de traditions derrière elle et qu'elle a pris tout naturellement les habitudes du pays démocratique où elle s'est développée.

Ce qui prouve bien que c'est d'une lutte politique qu'il s'agit, c'est que jamais les mêmes conflits ne se sont élevés entre les confessions protestantes et la société civile; les protestants orthodoxes cependant ne sont pas plus tolérants que les catholiques, on pourrait dire qu'en matière de dogme ils le sont souvent moins. Mais l'Église réformée de France ne constitue pas un corps qui aspire à s'asservir l'État et à gouverner le pays; aussi n'y a-t-il pas d'hostilité entre le parti républicain et les églises protestantes.

Si l'intolérance politique du parti républicain a affecté souvent la forme d'intolérance religieuse, c'est donc en raison des prétentions politiques de l'Église catholique.

Il est certain qu'un grand nombre des sectaires qui font aujourd'hui une guerre ouverte à toutes les religions ont oublié le point de départ de la querelle, mais il ne faut pas regarder bien longtemps cependant pour s'apercevoir que c'est en haine du gouvernement des prêtres qu'ils prêchent l'athéisme. Leur athéisme n'a rien de commun avec l'athéisme sérieux et réfléchi du matérialisme scientifique; ce n'est pas une doctrine, c'est une machine de guerre.

Ce caractère politique de la plupart de nos querelles religieuses actuelles a été nettement aperçu par quelques-uns des auteurs qui ont pris part au concours; l'un d'entre eux en a tiré des conclusions qui semblent très hasardées. Il croit que l'Église se soucie très peu en réalité des intérêts religieux qu'elle a mission de défendre, que l'œuvre à laquelle elle travaille est une œuvre politique, et qu'elle n'affecte de croire parfois la religion menacée que pour mieux cacher ses vrais desseins. Il y a là un mélange singulier de faits bien observés et d'erreurs d'interprétation. L'Église ne s'est jamais désintéressée de la politique, mais rien n'autorise à penser qu'elle ait cessé de se préoccuper avant tout du salut des âmes. C'est sous l'influence de traditions anciennes, d'habitudes contractées depuis de longs siècles, que le clergé aspire au gouvernement du pays, mais il est certain que le clergé est convaincu que cette lutte contre la société civile, c'est Dieu même qui la commande; il est convaincu que, s'il combat pour être le seul maître, c'est qu'alors seulement il aura l'autorité et l'influence nécessaires pour travailler utilement au bonheur éternel des âmes.

Qu'il y ait dans le parti clérical des laïques qui ne voient dans la religion qu'un instrument commode pour établir plus sûrement la domination des classes riches, cela est possible, mais cela n'est pas vrai du clergé; en très grande majorité, il est sincère dans sa foi, et le but dernier c'est pour lui le triomphe de la religion. Tous les prêtres ne se rendent pas compte que les mobiles auxquels ils obéissent ne sont pas toujours ceux qu'ils supposent; ce sont souvent des esprits peu réfléchis, pliés dès l'enfance à l'obéissance, et qui ne distinguent pas très nettement entre les buts divers que se propose l'Église.

L'une des plus regrettables conséquences de l'attitude militante du clergé sur le terrain politique, c'est précisément le discrédit qu'elle a jeté dans toute une partie de la population sur certaines doctrines religieuses et sur ceux qui les défendent. On en est arrivé à ne pas croire à la sincérité des prêtres; l'entier désintéressement politique de l'Église n'aurait pas permis d'en douter. On s'est laissé entraîner à l'intolérance, et presque à la persécution parfois, avec d'autant plus de facilité qu'on croyait ses adversaires moins respectables. On a attaqué sans mesure ce qui aurait dû rester toujours à l'abri, non pas des critiques, mais des attaques irrespectueuses et violentes, les dogmes et les doctrines. On s'en est pris à la religion même des agissements du parti qui se réclamait d'elle, et les catholiques ont pu croire de bonne foi que c'était au dogme chrétien, à la morale chrétienne, que c'était avant tout au culte catholique qu'en voulaient les adversaires de l'Église. Ils ont eu beau protester, leurs protestations n'ont pas paru sincères; on ne les a pas crus. Le mot fameux : « Le cléricalisme, voilà l'ennemi ! » a été détourné de son sens dans les deux camps. Les uns ont été convaincus que c'était une déclaration de guerre au catholicisme, peut-être même à toute religion; les autres se sont dit que, puisqu'ils le prenaient ainsi, tous les gens qui croyaient en Dieu étaient sans doute des cléricaux, des gens qui voulaient établir le gouvernement des curés et ne permettre à personne de ne pas se confesser. C'était la guerre allumée; que d'années passeront encore avant qu'elle soit éteinte !

Il est certain que, si on était persuadé de la bonne

foi du clergé, on serait plus tolérant pour lui, et que ce résultat serait vite acquis si les prêtres en tant que prêtres se mêlaient moins à la politique, si surtout leurs amis les y mêlaient moins. Ce qui est certain aussi, c'est que les querelles religieuses s'apaiseraient bien vite si elles n'étaient que des querelles religieuses; les fanatiques d'irréligion sont de notre temps plus rares qu'on ne pense, et il en est bien peu parmi les libres-penseurs les plus intransigeants qui ne consentiraient point à faire la paix avec l'Église, s'ils étaient assurés qu'elle a renoncé à ses rêves de domination universelle.

Nous ne serions pas délivrés pour cela de l'intolérance, mais nous ne connaîtrions plus ces polémiques embrouillées et irritantes où se mêlent si étrangement la politique et la religion, ces tracasseries mesquines contre le clergé, cette injuste et malveillante humeur des catholiques perpétuellement irrités contre la société moderne: ce serait déjà beaucoup. C'est cette querelle entre la société civile et l'Église qui contribue plus que toute autre chose à donner aux partis en France cette attitude haineuse et méfiante qui frappe les étrangers; chacun croit combattre pour ce qu'il a de plus cher: les uns croient qu'ils luttent pour leur foi, les autres pour leur liberté, et peut-être, dans l'état actuel des esprits, ne se trompent-ils pas.

Mais que la paix soit enfin signée, et l'on pourra voir qu'en réalité il n'est guère de pays plus tolérant que le nôtre, qu'il n'en est pas où la conscience soit plus affranchie. Aucun sujet qui soit interdit[1]; nous pouvons sans blesser aucune convenance causer de tout, discuter toutes les opinions; nous pouvons aller jusqu'au bout de nos théories, nous ne trouvons jamais, comme en Angleterre, une barrière qui nous barre la route à mi-chemin. Il y a certes des fanatiques en France, il y en a beaucoup trop malheureusement; mais on les remarque, ils étonnent presque, on est tout disposé, à Paris du moins, à les tenir pour mal élevés.

Il faut toute une semaine pour se faire au ton réservé de la conversation anglaise, et au bout de quelques mois un étranger ne peut être encore assuré de ne pas tenir à l'occasion quelque propos scandaleux. La liberté religieuse cependant est plus complète que dans notre pays : c'est que les luttes politiques sont moins âpres, à tout prendre, que chez nous; la liberté de conscience, la liberté de penser ne sont pas en question, il n'est pas un parti qui ne les respecte. Nos habitudes seules, nos mœurs politiques, nos traditions, nous poussent à l'intolérance; nous sommes libéraux d'esprit, nous aimons les idées des autres, nous les aimons plus que les nôtres bien souvent; le malheur, c'est que nous ne les respectons guère.

La conscience ne nous semble pas, comme à nos

1. Nous n'entendons point parler ici bien entendu des familles cléricales; nous voulons dire seulement que dans les milieux éclairés et vivants, dans la bourgeoisie cultivée, qui lit et qui pense, il existe en France une liberté de pensée et de parole qui était inconnue en Angleterre jusqu'à ces toutes dernières années.

voisins d'Angleterre, un monde impénétrable et sacré; nous croyons, sans l'avouer tout haut, que c'est à la majorité des suffrages qu'on peut décider comment il convient de prier Dieu; c'est que nous sentons bien que notre esprit ne peut être emprisonné dans aucune formule, qu'il ira où le conduiront l'imagination et la logique, et que tous les conciles n'y pourront rien, qu'il y siège des laïques ou des clercs.

Il n'est pas de pays où les traditions aient moins de puissance que dans le nôtre, aussi sommes-nous amenés à faire mille règlements; on les trouve oppressifs, on s'indigne contre l'État, qui se mêle de tout; on ne réfléchit pas qu'avec tous nos règlements nous ne gênons guère que les actions de l'individu, que sa pensée reste libre, cette pensée qui en Angleterre est attachée par tant de coutumes et de traditions qu'elle est bien embarrassée pour mettre à profit cette pleine liberté qu'on lui laisse si généreusement.

On s'imagine aisément que la tolérance est chose naturelle : il la faut enseigner au contraire, et c'est une tâche difficile. Mais c'est là, semble-t-il, que se trouve la vraie solution du problème : les concurrents ne semblent pas d'ordinaire l'avoir pleinement compris. C'est aux jeunes gens et aux enfants qu'il faut s'adresser. C'est eux qu'il faut habituer à écouter patiemment toutes les opinions, à les respecter toutes, à recueillir pieusement la parcelle de vérité qu'elles peuvent renfermer.

Les lois peuvent empêcher l'oppression, elles ne peuvent créer la tolérance; le rôle de l'État est très grand cependant : c'est grâce à l'État laïque, impartial entre les Églises, que la liberté de conscience a pu grandir et se développer; seul il avait la force de la faire respecter. Mais il ne faut pas que l'État devienne une Église à son tour, qu'il ait des dogmes laïques qu'il prétende imposer. Il doit à tous les citoyens sans acception de croyances un égal traitement; il faut qu'il ignore en quelque sorte leurs croyances et leur culte; cela ne le regarde point, il n'a point à en tenir compte dans ses rapports avec eux.

Est-ce à dire que la séparation de l'Église et de l'État soit une mesure qui s'impose? Il n'est point certain tout d'abord que ce soit une mesure libérale : elle préparerait peut-être la domination temporelle de l'Église, c'est-à-dire la ruine de la liberté de conscience. La grande objection au régime actuel, c'est le budget des cultes : il n'est point juste, dit-on, que tous les citoyens paient pour entretenir un clergé et des édifices religieux qui répondent aux besoins d'une partie seulement de la nation. Mais n'est-ce pas le cas pour l'enseignement supérieur, pour les musées, pour les bibliothèques? n'est-ce pas le cas pour les théâtres? Qu'importe la marine au paysan des Cévennes qui vit des produits de son champ, ou les canaux du Nord aux pêcheurs bretons[1]? Il semble au contraire que ce soit une

1. On objectera qu'aux yeux de certaines gens toutes les religion sont malfaisantes; mais il en est d'autres qui pensent que

leçon de tolérance mutuelle que ce budget commun où le catholique paie pour la synagogue et le juif pour le curé. Mais la question est de celles qu'on ne peut trancher théoriquement, il faut prendre conseil des circonstances; il semble que celui qu'elles donnent en France à l'heure actuelle est assez clair : l'État est maintenant encore le meilleur gardien de nos libertés, même de celle qui consiste à prier Dieu comme il nous plaît.

§ 11. — *Comment il fallait prendre la question. Les causes actuelles de l'intolérance.*

Nous croyons en avoir assez dit pour montrer l'opportunité du concours et pour faire comprendre dans quel esprit le sujet aurait dû être traité à notre avis. Il n'aurait pas fallu s'étendre, aussi longuement du moins que l'ont fait certains des concurrents, sur l'histoire des persécutions; on ne cherche plus guère de nos jours à justifier les persécutions sanglantes, leurs apologistes se font rares; on est d'accord pour reconnaître que les bûchers sont de médiocres apôtres, on est même injuste envers eux, ils ont été, hélas! les plus efficaces peut-être des convertisseurs. Il n'est guère à craindre non plus que de nouvelles persécutions soient organisées; si l'Église n'a pas abjuré les principes sur

la science est la plus pernicieuse invention des hommes, et que les encouragements donnés aux arts sont autant d'atteintes à la morale.

lesquels reposait l'Inquisition, du moins aurait-elle quelque scrupule à les appliquer; elle ne défend guère l'Inquisition que par convenance, par fidélité aux traditions. A tous les récits émouvants qu'on nous fait nous pouvons toujours répondre : « Ce danger-là n'est plus à craindre, c'est un danger d'autrefois ».

Ce qu'il fallait étudier, c'était l'intolérance sous sa forme actuelle; il fallait montrer les dangers qu'à l'heure présente elle fait courir encore à la liberté. On semble croire parfois que la liberté est fondée à toujours dans nos pays d'Europe, on ne sent pas que c'est une acquisition précaire et que nous pouvons perdre d'un jour à l'autre; la liberté de penser est à la merci d'une réaction; nul ne peut affirmer que l'heure de cette réaction ne sonnera jamais. La liberté religieuse est menacée elle aussi; j'ai essayé d'indiquer les causes du danger, c'étaient ces causes qu'il fallait analyser et étudier dans le détail.

C'est à la France que j'ai emprunté la plupart des exemples que j'ai cités, mais ce n'est pas en France seulement que la lutte est engagée; partout en Europe le problème se pose, et partout sous une forme différente. Cette étude comparative de la liberté religieuse dans les divers pays d'Europe eût été du plus grand intérêt; parmi tous ces concurrents, il ne s'en est trouvé qu'un seul qui ait eu l'idée de la tenter; mais il n'avait ni assez d'informations ni une méthode assez rigoureuse pour atteindre à des résultats qui puissent présenter quelque intérêt et quelque nouveauté.

Ce n'était pas tant aux lois qu'il fallait s'attacher qu'à la manière dont elles sont mises en pratique. Il n'est pas vrai que les lois aient peu d'importance; si elles n'expriment pas toujours, comme on l'a prétendu, le caractère d'un peuple, il est certain du moins qu'elles le modifient; on arrive souvent à trouver juste et raisonnable ce que l'on a longtemps pratiqué, et pratiqué seulement parce que la loi vous l'imposait; mais il est un très grand nombre de mesures qui valent tout juste l'usage qu'on en fait, elles peuvent être aussi bien des lois d'oppression que des lois de liberté. Ainsi en est-il, par exemple, de la laïcisation des écoles. Les concordats peuvent être entre les mains de l'État les plus parfaits instruments de domination; ils peuvent être aussi des contrats réciproques de tyrannie passés entre l'Église et l'État; c'est alors aux dépens des cultes dissidents, aux dépens de la liberté de penser, qu'on a signé le contrat. Ce n'est pas en étudiant les lois d'un pays qu'on peut se faire une idée exacte de la tolérance qui y règne: il y a des lois oppressives qui ne sont pas appliquées et des lois libérales qui ne le sont pas davantage. Il faut connaître l'histoire des Églises et l'esprit qui les anime, leurs relations avec les divers partis politiques, leurs prétentions, le but qu'elles cherchent à atteindre. Il est difficile parfois de se rendre compte de ce qu'il y a de fondé dans les griefs des partis, on ne sait pas toujours qui attaque ni qui se défend ; cela valait du moins la peine d'y regarder de près ; on se serait évité bien des déclamations sur les avantages et les inconvénients généraux de la séparation de l'Église et de l'État.

Il ne suffisait pas au reste de s'en tenir à l'étude de ces questions légales ; elles n'ont, malgré tout, qu'une importance secondaire. Déterminer les causes de l'intolérance, rechercher dans quelles classes d'hommes, dans quelles catégories d'esprits, on trouve surtout des intolérants, rechercher pourquoi ils sont intolérants, quelles raisons ils invoquent, à quels mobiles ils obéissent, tel est, d'après nous, le but principal qu'auraient dû se proposer les concurrents. Nous avons essayé de montrer que les causes proprement religieuses de l'intolérance n'exercent plus qu'une influence restreinte ; c'est beaucoup moins qu'autrefois par fanatisme qu'on est tenté de devenir oppresseur. Mais d'autres causes subsistent qu'il eût importé de mettre en lumière, ce sont tout d'abord les causes politiques, ce sont aussi les causes sociales.

§ 12. — *Les causes sociales de l'intolérance. La croisade contre la science.*

Ce sont des raisons politiques qui ont déterminé l'attitude hostile de certains gouvernements vis-à-vis du catholicisme ; ce sont des raisons sociales qui ont provoqué dans le monde des littérateurs et des journalistes cette croisade contre la science à laquelle nous assistons, cette levée de boucliers contre la pensée libre. Il y a là un péril auquel on ne songe guère, et l'un des plus graves peut-être de l'heure présente.

Beaucoup de gens sentent que les grands progrès accomplis dans les sciences depuis un siècle, dans les sciences physiologiques surtout, ont créé un esprit nouveau, que cet esprit s'est répandu, qu'il doit donner naissance à une conception nouvelle de la société, que cette conception nouvelle, tôt ou tard on cherchera à la réaliser; ce sont des gens qui tiennent aux traditions anciennes, qui n'aiment pas à penser que rien puisse changer dans le monde auquel ils ont accoutumé leur esprit; les idées nouvelles les dérangent, ils les déclarent dangereuses; elles s'appuient sur des faits, sur des faits établis par l'observation ou le calcul, ils contestent les faits si les faits les gênent.

L'Église a eu autrefois bien des démêlés avec les savants; aujourd'hui il s'en faut de peu que la paix ne soit faite, mais il reste de vieilles rancunes mal assoupies. Si l'Église était au pouvoir, ces rancunes-là s'éveilleraient bien vite; il y a néanmoins dans l'Église tant de prêtres libéraux et tolérants qu'il est à supposer qu'elle ne s'attaquerait pas à la science, si la science était universellement respectée; mais les hommes dont je parle l'attaquent, la raillent, la déconsidèrent tous les jours un peu plus.

Elle a beau multiplier ses découvertes et les applications de ses découvertes, rien ne les désarme; plus elle grandit, plus elle leur paraît dangereuse. Au nom, non pas de la morale, mais de *leur* morale, ils prétendent imposer aux savants des limites qu'ils ne devront pas franchir, ils prétendent presque leur imposer des conclusions et réduire tout le travail de la recherche à découvrir des faits qui les justifient. Le gouvernement actuel ne les écoute pas, le gouvernement les a écoutés sous l'Empire, et notre abaissement scientifique devenait proverbial[1] en Europe; un gouvernement de réaction pourrait les écouter demain, et pour longtemps c'en serait fait en France de la liberté de penser.

Ce ne serait pas au nom d'un dogmatisme religieux que s'exercerait cette tyrannie, ce serait au nom d'un dogmatisme moral; elle n'en serait pas pour cela plus légère; personne n'a le droit de jeter l'anathème sur une doctrine parce qu'il est possible d'en tirer des conséquences dangereuses pour la société; il serait tout aussi légitime de poursuivre pour complicité d'assassinat le chimiste qui a découvert la nitro-glycérine. Un psychologue, comme un naturaliste ou un physicien, ne doit avoir qu'un seul souci, celui de la vérité : c'est là ce qui fait sa dignité et ce qui lui donne le droit de s'estimer lui-

1. En mathématiques, en chimie, en physiologie, il y avait alors en France quelques savants qui étaient au premier rang des savants d'Europe, mais le niveau scientifique général était très bas, et jusqu'aux dernières années de l'Empire les études scientifiques en pleine décadence.

même, on l'oublie trop aisément en ce temps-ci.

La liberté religieuse est chose sacrée, mais il faut que la liberté soit égale pour tous, il importe qu'on ait le droit de ne pas croire en Dieu, de ne pas croire au libre-arbitre. Ce n'est pas à dire que la science conduise à l'athéisme ou à la négation de la liberté : l'existence de Dieu, le libre-arbitre, ce sont là des problèmes qu'elle ne se pose pas, qu'elle n'a point à se poser; mais les savants sont en droit de les résoudre comme bon leur semble, ils sont en droit surtout de ne pas s'en préoccuper.

Il n'est pas démontré que la conception que certains critiques et certains journalistes se forment de la morale et de la société soit une règle immuable à laquelle toute pensée doive s'assujettir, mais ce que l'expérience semble avoir enseigné c'est qu'il n'est pas bon de dénoncer toute une classe d'hommes comme dangereuse pour la société. S'il s'agissait des prêtres, on s'indignerait, et on aurait raison, il faudrait s'indigner aussi lorsqu'il s'agit des savants.

Faire appel à la fois contre la liberté de la pensée aux préjugés traditionnels des classes riches et aux passions du peuple, c'est rendre plus difficile encore à défendre la cause de la liberté religieuse. Les hommes de science se sentiront menacés dans leur liberté et dans leurs travaux, ils n'en seront pas plus indulgents, on peut le croire aisément, pour les croyances qu'ils ne partagent pas; tous les savants ne sont pas des libéraux, mais ce n'est pas la persécution qui leur fera beaucoup aimer la liberté d'autrui. Les gens du peuple ne sont point tolérants de leur nature : il est inutile d'exalter leur appétit de persécution. Savez-vous vous-même contre qui la persécution serait dirigée et si la religion n'en serait pas la première victime? Les paroles de mépris, d'intolérance et de haine sont toujours des paroles mauvaises : il faudrait ne jamais se laisser entraîner à les prononcer.

Les hommes qui attaquent violemment la science, et qui font d'elle la complice des criminels ou peu s'en faut, sont de bonne foi; ils croient servir un grand intérêt social; mais c'est avec la même bonne foi, le même désintéressement, que d'autres théoriciens proscrivent la religion. On peut tout critiquer, et il est bon qu'on le puisse; il est bon que les intolérants puissent à leur aise exprimer leur intolérance, il est bon qu'on respecte leur liberté, si peu respectueux qu'ils soient de la liberté des autres; mais il faudrait songer qu'il est des menaces dangereuses, des menaces dont il est sage de s'abstenir, il faudrait que les défenseurs de la religion et de la morale prissent des habitudes de modération et de sagesse.

Le grand besoin de ce temps-ci c'est l'apaisement : ne plus haïr personne à cause de ses opinions, ne plus haïr même aucune doctrine, mais les respecter toutes, les critiquer loyalement, sincèrement, sans passion, aimer par-dessus toutes choses la liberté, la liberté des autres, la liberté de ses adversaires comme celle de ses partisans, voilà la morale qu'il faudrait que chacun s'efforçât de pratiquer. Sur le terrain économique les conflits sont inévitables, mais il faudrait du moins qu'il n'y eut de conflits que sur ce terrain-là. Il faut que cette terre soit à moi ou à cet autre, ou que nous partagions, nous ne pouvons tous deux la posséder tout entière, mais je puis avoir mon opinion à moi, et cela ne l'empêche pas d'avoir la sienne; si je crois la mienne meilleure, je le dirai, mais cela ne blesse que sa vanité, s'il reste convaincu que c'est lui qui a raison.

Il y a des mobiles bien forts, cela est certain, qui nous poussent à ne pas tolérer qu'on nous contredise, mais il en est beaucoup que peuvent faire disparaître les habitudes du régime nouveau sous lequel nous vivons. La démocratie est, en dépit des apparences, un régime de tolérance; tout le monde a le droit de dire tout haut son avis, et de le dire sur toutes choses. Sans doute le respect diminue pour bien des hommes et des choses qui devraient demeurer sacrés; mais l'intolérance diminue elle aussi; il faut s'accoutumer bon gré mal gré à s'entendre dire en face et par le premier venu qu'on se trompe, cela rend modeste; les préjugés de caste, de rang, de secte, de situation sociale, sont mis à forte épreuve; on ne peut toujours répondre par le silence, il faut discuter; les anathèmes ne serviraient à rien; on est battu parfois, cela donne à réfléchir.

C'est une bonne école de libéralisme que la loi égale pour tous : on défend très vaillamment les droits des autres quand c'est le seul moyen de défendre les siens; on proclame très haut que c'est le devoir de tous de n'opprimer personne si l'on a chance d'être opprimé. Tous nous avons un égal intérêt à la tolérance : nous ne savons pas qui sera au pouvoir demain; les vaincus de la veille peuvent être les vainqueurs du lendemain, et c'est ainsi que, dans une société sans hiérarchie, sans traditions, sans cadres tout faits, on est contraint, en quelque sorte, à lutter passionnément pour la liberté des autres, c'est pour la sienne que l'on combat.

§ 13. — *Les causes psychologiques de l'intolérance.*

A côté de ces causes sociales d'intolérance, il en est d'autres plus profondes encore et qui tiennent à la structure même de notre esprit. Nous avons d'ordinaire de la méfiance pour les idées nouvelles; elles nous dérangent, elles nous gênent, nous ne pouvons les faire rentrer dans nos cadres tout préparés; elles nous paraissent coupables et dangereuses pour cette seule raison qu'elles ne nous sont pas familières. Toute idée où nous n'avons point été élevés nous est nouvelle, fût-elle au reste aussi ancienne que le monde.

A l'étranger, tout nous est sujet d'indignation ou de raillerie : l'architecture des maisons, les heures des repas, la façon de saluer, de parler, de manger, les robes des femmes et les enseignes. Un homme qui a beaucoup voyagé, qui a beaucoup vu, a laissé ses préjugés accrochés à tous les buissons des haies.

La religion des autres nous scandalise toujours, et simplement parce que c'est la religion des autres. Il y a des catholiques qui sont depuis longtemps détachés du catholicisme et qui ne peuvent parler des protestants sans un sourire mal contenu.

On sait la violence des passions qui, dans presque tous les pays, animent contre les juifs les chrétiens et les musulmans; on invoque bien des raisons pour expliquer cette haine : la raison véritable, c'est la forte originalité de la race juive. Les juifs ne ressemblent pas à ceux qui les entourent, c'en est assez pour qu'on les méprise. J'ai connu au collège un grand garçon de onze ans, maigre et pâle, qui était toujours battu; quand on demandait à ses camarades pourquoi ils le battaient: « C'est, répondaient-ils, parce qu'ils n'est pas comme nous ». Mettez dans une basse-cour un poulet d'espèce rare, tous les autres se jetteront sur lui, le houspilleront et lui arracheront les plumes.

A mesure qu'une société grandit, l'obligation pour chacun de ressembler aux autres devient moins étroite, mais elle ne disparaît jamais. Nous pouvons, en France, contester l'existence de Dieu, mais nous ne pouvons faire des visites en blouse et en chapeau mou. La coutume, c'est le tyran de toutes les sociétés primitives, et il n'est pas une société civilisée qui ait réussi à se soustraire complètement à sa tyrannie. Ce qui nous donne à tous aujourd'hui plus de liberté, c'est que partout plusieurs coutumes sont en conflit, en matière religieuse tout au moins ; mais en certains pays, si l'on ne se soumet point à l'une ou à l'autre, on n'est qu'à demi un honnête homme. Les rites d'une secte paraissent à l'autre injustifiés et bizarres parce que ce ne sont pas les siens ; on a deux mesures, l'une pour les dogmes que l'on professe, et l'autre pour les dogmes des autres. Je me souviens d'avoir entendu dire à un pasteur : « Que de catholiques sont encore engagés dans des superstitions grossières ! ils croient que Dieu se change en pain ! L'Incarnation, la Rédemption, tout cela du moins est raisonnable et peut se démontrer ! »

Puis on doute souvent de la bonne foi de ses adversaires ; on ne peut admettre que ce qui vous semble l'évidence même paraisse douteux aux autres : s'ils ne voient pas la vérité, c'est donc qu'ils ferment les yeux. Que de libre-penseurs raisonnent ainsi ! ils ne se sont jamais avisés que la vérité avait plus d'un aspect, tout juste autant qu'il y a d'esprits qui pensent. L'incapacité à sortir de nous, à penser une autre pensée que la nôtre, c'est là la vraie cause de l'intolérance.

Notre orgueil aussi nous pousse à mépriser ceux qui sentent autrement que nous : nous voulons être tout seuls à avoir raison, et nous voulons avoir raison en toutes choses ; nous considérons comme des adversaires, presque comme des ennemis, les peintres qui ne peignent pas comme nous souhaitons, les écrivains dont le style nous déplaît. Nous ne songeons pas qu'il est un moyen simple qu'ils ne nous gênent point : ne pas regarder leurs tableaux et ne pas lire leurs livres. On est blessé lorsque tout le monde n'a pas votre goût. Ne pas aimer ce que j'aime, c'est dire que je me trompe et que mon goût est mauvais. Mais non, votre goût peut être excellent et le mien aussi : ils sont différents, voilà tout. Vous aimez Raphaël, j'aime Rembrandt : que vous importe ?

Puis le mot de vérité a bien des sens divers. La vérité religieuse n'a guère que le nom de commun avec la vérité scientifique. Que de façons d'adorer Dieu ! et qui pourrait affirmer qu'elles ne sont pas toutes excellentes ?

Les nuances de l'orgueil sont infinies, il eût été intéressant de les grouper, de les rapprocher les unes des autres ; c'est toujours par orgueil qu'on affirme lorsque ce n'est pas par sottise ; c'est un orgueil légitime parfois, ce n'en est pas moins de l'orgueil. Les âmes très humbles adorent en silence et se taisent ; elles se soucient peu des hommes, Dieu leur suffit : peut-être est-ce encore là un orgueil plus raffiné.

En vivant on apprend à être modeste ; à force de se tromper, on se reconnaît faillible ; le grand service que nous rend la vie d'aujourd'hui, si active et si pleine, c'est de ne plus nous permettre d'être seuls ; il nous faut vivre avec les autres, il nous faut les supporter et, pour traiter nos affaires, les comprendre ; il nous faut tenir compte de ce qu'ils pensent, de leurs désirs, de leurs actes. On s'habitue à donner moins d'importance à son opinion ; puis elle change si vite qu'on n'a guère le temps de s'y attacher. On est si pressé qu'il a fallu simplifier sa foi, la réduire à l'essentiel, et sur l'essentiel tout le monde est d'accord ou à peu près, ce sont les mots surtout qui diffèrent. On se sert de son jugement à chaque heure du jour, on a mille choses à traiter, à décider; mais cela paraît tout simple, et on n'a pas pour soi l'admiration béate des bourgeois de petite ville ou des paysans. Et, malgré tout cela, l'orgueil et le dogmatisme ne sont pas vaincus; la grande œuvre de l'éducation c'est de faire des hommes qui sachent vouloir, et qui cependant laissent vouloir les autres à côté d'eux. On s'est efforcé de faire des esprits dogmatiques et des volontés dociles, c'est tout le contraire qu'il faut. Ce sont ces questions d'éducation du caractère que nous aurions aimé à voir longuement traitées, c'est à peine si trois ou quatre des concurrents semblent y avoir songé.

II

RAPPORT GÉNÉRAL

On a répondu largement à l'appel du donateur : 324 manuscrits ont été envoyés à M. Agnellet. Tous les genres étaient représentés ; drames, romans, épîtres en vers, poèmes lyriques et didactiques, pamphlets politiques, dissertations, discours, sermons, il y avait de tout, jusqu'à un traité de psychologie, de physiologie et de chimie biologique de plus de 600 pages ; mais l'histoire dominait. La Commission a lu à 100 exemplaires au moins l'histoire de l'Inquisition et celle des guerres de religion. Les mémoires sont de dimension très variable : il en est qui dépassent 1 000 pages, et l'un d'entre eux tient tout entier en une seule. Les auteurs appartiennent à toutes les classes de la société ; il y a parmi les concurrents des instituteurs, des prêtres, des ingénieurs, des ouvriers, des pasteurs, des bourgeois retirés à la campagne, des professeurs. Certains manuscrits ne se rapportent que très indirectement au sujet : nous avons trouvé un recueil de pensées sur les avocats, les juges, les médecins, le tabac, les mariages, le progrès, etc. ; des entretiens sur l'essence des choses, l'origine des religions, les institutions américaines, l'hygiène. Un concurrent a cru devoir écrire en 795 pages l'histoire de l'humanité depuis l'époque tertiaire jusqu'à l'établissement définitif de l'Église ; il nous apprend que l'homme descend d'une grenouille marine. Voici encore la table des matières d'un manuscrit : « *L'enfant, la femme, l'homme. La nation et le droit de condamner à mort. La religion. Paradis et enfer. Catastrophe de Java. Dieu. Dieu, étant bon, ne peut être responsable de nos malheurs.* » Les devises mêmes sont parfois étranges : « *Pour les Dames : Laissez-moi admirer le bon Dieu dans ses œuvres ; pour les masses : Errare et mano-*

mètre. » C'est l'histoire sincère et gémissante d'un commis-voyageur que son père obligeait à fréquenter la synagogue.

On est fort embarrassé au premier abord pour porter un jugement d'ensemble sur cette masse énorme de manuscrits; à côté d'œuvres animées d'un véritable esprit de charité, il y a des pamphlets d'une extrême violence. Parmi les concurrents, il y a, à n'en pas douter, des écrivains de profession, et à côté d'eux des ouvriers presque illettrés. La valeur des œuvres est aussi inégale que leur étendue; leurs auteurs ont reçu des éducations très diverses; ils sont en conflit, en désaccord, sur tous les points ou peu s'en faut. Tous s'accordent à plaider la cause de la liberté, mais il n'en est peut-être pas dix, parmi ceux surtout qui ont fait effort pour penser par eux-mêmes, qui entendent la liberté de la même manière. Tous cependant ou presque tous donnent l'impression d'une parfaite sincérité. Ce sont de fort honnêtes gens, très convaincus de l'excellence de la cause qu'ils soutiennent.

Beaucoup d'entre eux ont concouru surtout, cela est visible, pour avoir une occasion de dire tout haut leur pensée. Cela coute cher de faire imprimer un livre : la presse n'est pas ouverte à tous, on n'a que peu de moyens de faire connaître au public les plans de réforme qu'on a conçus et qu'on juge tout naturellement les meilleurs du monde. Les concurrents ont cependant moins insisté sur les remèdes qu'on n'aurait pu s'y attendre; c'était un sujet qui semblait fait pour mettre en branle l'imagination des créateurs d'utopies et de systèmes; peut-être se sont-ils défiés du jury, mais ils n'ont concouru qu'en petit nombre. La commission a eu pourtant à examiner trois Utopies; les auteurs avaient choisi la forme du roman; le *Voyage en Icarie* semble avoir servi de modèle à l'un d'entre eux; mais l'Icarie qu'on nous présente dans ce manuscrit est moins originale et plus puérile que celle de Cabet.

En revanche, il n'est pas d'encyclopédie qu'on n'ait soumise à la commission sous prétexte de liberté de conscience : nous en avons compté jusqu'à sept. Citons par exemple: un traité de philosophie religieuse et de psychologie générale, un traité de cosmologie et d'histoire des religions, une description du système nerveux et un exposé des théories vitalistes (c'est un fragment d'une Encyclopédie des sciences morales), un traité de psychologie rationnelle et de politique, un mémoire sur l'âme, les peuples pasteurs, les hauts plateaux d'Asie, les encyclopédistes, la chimie générale, etc.

Malgré les sentiments peu libéraux qui animent un certain nombre de concurrents, le ton général des mémoires est très modéré. La Commission a eu cependant à examiner plusieurs pamphlets; quelques-uns d'entre eux sont d'une extrême violence. Quelques citations permettront d'en juger. Il faut diviser ces pamphlets en deux groupes : les uns sont dirigés contre la libre-pensée, les autres contre l'Église; ce sont les plus nombreux. Les pamphlets catholiques contiennent des insultes aux athées, aux libre-penseurs, aux francs-maçons, et souvent des attaques grossières au gouvernement de la République. On peut relever des phrases comme celle-ci : « Le despotisme ignoble et sataniquement menteur déguisé sous l'étiquette païenne de République... ». — « Les rhéteurs, les docteurs de la loi, les tribuns du peuple n'ont fait que changer de toge : de nos jours, ils ont pris celle d'avocat, et les gymnosophistes, par le 47e degré de latitude boréale, ont pris le maillot et le caleçon des gymnasiarques pour parader aux enfouissements civils du plus illustre des Gaudissart, du génois Gambetta, et du plus gonflé des puffistes, Victor Hugo... Où sont maintenant tous ces fétiches de l'opinion publique? Elle les a jetés aux gémonies du sarcasme et de l'oubli. Qui donnerait aujourd'hui dix centimes de Thiers? » L'auteur de l'un des manuscrits s'est même laissé entraîner jusqu'à se servir d'un langage tout rempli d'équivoques et de métaphores obscènes ; il espère jeter ainsi la déconsidération sur les matérialistes et les libre-penseurs. Les libre-penseurs ne sont pas en reste avec leurs adversaires : ils parlent des prêtres comme de « monstres qui dévorent dans leurs antres la vertu des jeunes filles ». La libre-pensée est une religion qui a ses fidèles comme le catholicisme lui-même : l'un des concurrents a cru devoir annexer à son mémoire une lettre de faire part de la mort de son père, « mort libre-penseur ». La libre-pensée a même ses fanatiques; pour eux la liberté de conscience a un sens très précis : c'est la mise hors la loi des catholiques[1].

Quelques fous ont pris part au concours, mais ils sont en très petit nombre : il n'y a guère que trois ou quatre manuscrits qu'on puisse attribuer avec quelque certitude à des aliénés. En revanche la Commission a eu à examiner les mémoires d'excentriques qui se sont laissé entraîner aux plus bizarres fantaisies. Voici les titres de quelques-uns des chapitres d'un manuscrit : « *I. Ce bras qu'on prenait pour un homme fut Dieu. VI. Les premiers ont de simples rosses, il en monte une double. IX. Un carrefour : à droite le poteau du bonheur. XII. Est-il bouché cet âne-là! Puisqu'on te dit que ça revient au*

1. On sera peut-être surpris que dans cette longue étude nous n'ayons point parlé de la religion juive. C'est que notre but, c'était de déterminer les causes de l'intolérance et d'analyser l'état d'esprit des intolérants. Il ne pouvait guère être question des Israélites, qui depuis de longs siècles n'ont guère joué dans les persécutions d'autre rôle que celui de victimes (peut-être cependant y aurait-il quelques réserves à faire pour le passé, la vie de Spinoza en est la preuve). A l'heure actuelle, on ne saurait trouver ailleurs plus de tolérance que dans les familles juives, plus de tolérance vraie et sincère, de sympathie délicate pour les croyances d'autrui. C'est ce qui rend plus injustifiable encore cette campagne violente qui est menée contre les juifs en Russie, en Hongrie, en Allemagne même. L'intolérance religieuse n'est pas après tout très dangereuse en France à l'heure présente; elle ne peut guère conduire à des actes de violence, à des excès sanglants, mais la liberté de conscience n'a pas cause gagnée en Europe, les persécutions contre les juifs en sont la meilleure preuve. C'est à la France, qui en 1789 a proclamé l'égalité religieuse de tous les hommes, qu'il appartient d'élever la voix en faveur des opprimés.

même. XIV. Se fera-t-il caissier ou rédempteur? XIX. La neige autrefois était-elle aussi noire? » Le style n'est pas disparate avec la conception même du livre : « Les hommes, rajeunis par la foi du bonheur, offriraient à Dieu l'intensité de ses propres sens ; le torrent des dramatiques passions, multipliées à chaque échange par un facteur prodigieux, monterait mordorer de ses flammes changeantes l'éther nacré de l'infini, où est partout le cœur de Dieu, Tout. » D'autres auteurs ont une langue plus étrange encore : « Si la cuisine fanatique prêche toujours l'unité de l'œuf dans l'omelette catholique, on n'en voit pas moins nombre de consommateurs apprécier la combinaison de l'œuf de canard à l'œuf de poule. Ici l'œuf de canard c'est la tendance à séculariser la religion, à la débarrasser d'excentricités regrettables, en l'harmonisant autant que possible avec l'esprit moderne et la marche du progrès. »

Il faut rapprocher de ces excentriques certains mystiques, qui, pour rendre les idées très personnelles qui occupent sans cesse leurs esprits, sont obligés de se créer un langage spécial. Ils vivent dans un monde différent du nôtre, peuplé de formes et de pensées qui ne peuvent jamais se traduire en termes précis ; la langue de tous avec ses contours arrêtés, le sens défini qu'elle attache aux mots ne peut leur suffire. Lorsqu'ils l'emploient, ils la font éclater de toutes parts, ils écrivent des phrases comme celles-ci : « L'égalité civile, antinomie du libre-arbitre, alchimie anticivile, logomachie démagogue, est démentie par l'ontologie, la psychologie, le libre-arbitre... La science sans théologie, c'est du mysticisme saturé de problèmes. » Les mots ont ici une valeur et une portée toutes spéciales; ils expriment non pas des idées abstraites, mais des états de conscience, vivants et agissants, que nous ne pouvons nous représenter que par un effort. L'auteur est un théosophe catholique; malgré les phrases inintelligibles qui l'encombrent, son œuvre est une œuvre originale et vigoureuse, qui abonde en trouvailles heureuses, mais elle abonde aussi malheureusement en bizarreries; on se demande parfois s'il y a un sens derrière cet amas de formules étranges.

Il semble que la liberté de conscience n'inspire pas les poètes; à part un dialogue familier entre un maire et un curé que nous analyserons plus loin, tous les poèmes sont d'une rare faiblesse; voici quelques exemples :

C'est qu'avant de penser, chacun de nous reçoit
De sa mère, en tétant, le suc du catéchisme.

Et dans une autre pièce :

Innocent prend le glaive, et Richelieu l'obus.

Les romans sont de très inégale valeur; quelques-uns, malgré l'inexpérience évidente de leurs auteurs, présentent à des points de vue divers un véritable intérêt : les meilleurs seront analysés plus bas dans les notices consacrées aux manuscrits réservés. Il en est même parmi ceux que le jury a dû écarter tout d'abord, parce que le style en était trop incorrect ou trop plat, qu'on aimerait à pouvoir louer : les uns renferment des détails intéressants sur les mœurs de province, sur les querelles entre l'instituteur et le curé, sur les cercles de petite ville, nous en avons fait notre profit pour la rédaction de ce Rapport ; les autres sont animés d'un véritable esprit de piété et de tolérance ; on est heureux de penser qu'il y a tant de braves gens, de cœurs honnêtes, d'âmes qui ont faim et soif de la justice.

Il y a des œuvres d'une médiocrité, d'une platitude touchantes ; l'ennui en tombe en pluie serrée, les personnages sont des marionnettes mal vernies, la langue qu'ils parlent est filandreuse et niaise, solennelle et puérile tout ensemble, mais on sent tant de conscience, de dévouement humble et caché sous toute cette phraséologie, qu'on oublie l'intrigue enfantine, le style soufflé et sentimental, le ridicule même des gestes et du dialogue, pour ne se souvenir que du sentiment très haut, du sentiment sacré qui a inspiré ces œuvres mal venues, et, pris de respect, on se reproche durement à soi-même de s'être laissé aller un moment à se moquer.

En revanche, il s'est trouvé quelques concurrents qui se sont crus autorisés à envoyer à ce concours sur la liberté de conscience des romans extrêmement libres, presque licencieux ; leur style n'est pas meilleur, au reste, que celui des romanciers pieux :

on trouve çà et là des phrases comme celles-ci : « son pied a la légèreté du vol de l'oiseau... Je t'aime de l'amour qui dit au poisson de quitter la mer pour le fleuve ; je t'aime de l'amour qui apprend au lapin à confectionner son terrier. »

Liberté de mœurs, liberté de pensée, liberté de conscience, ce sont choses que l'on confond souvent, au grand dommage de la liberté, que l'on confondait surtout autrefois ; les libertins, c'étaient bien ceux qui ne respectaient ni Dieu ni l'Eglise, mais on les soupçonnait de n'être pas plus respectueux de l'honneur des femmes. Au XVIIIe siècle, les grands apôtres de la tolérance et de la liberté de penser, Voltaire et Diderot, ont sans cesse à la bouche le mot de vertu, mais il semble bien souvent qu'à leurs yeux la chasteté ne soit qu'une forme de la superstition. Tous les héros d'aventures galantes sont, en ce siècle, des esprits éclairés, des missionnaires de la liberté ; il n'est pas jusqu'à Faublas qui ne déclame à chaque ligne contre les méfaits de la superstition et de l'ignorance. La tournure de notre esprit a changé : nous sommes devenus plus rigides, si nous ne sommes pas devenus plus libéraux ; nous affectons du moins le rigorisme, et il est certains mélanges qui nous choquent ; peut-être est-ce de la pruderie, mais cela est ainsi, et il est sage de s'accommoder aux mœurs de son temps.

Ce qui n'est pas excusable en tous cas, ce sont les fantaisies grossières et plates qui remplissent certains manuscrits. On a toujours le droit de dire ce que l'on a observé, on a toujours le droit d'avoir de l'esprit, on a toujours le droit de donner la vie à des êtres forts ou gracieux, ils sont beaux, cela suffit pour qu'on leur pardonne ; mais ce qu'on n'est jamais en droit d'écrire, c'est un livre qui n'a ni beauté, ni vérité, ni esprit, qui est obscène et rien de plus; on aura beau discourir sur la vertu et la liberté, cela ne changera rien à l'œuvre manquée qu'on aura faite et qu'il aurait mieux valu laisser dans ses cartons.

Il faut signaler un grand nombre de mémoires assez courts, qui ressemblent à s'y méprendre à des dissertations de baccalauréat plus développées. Ce sont des considérations sans originalité sur Dieu, sur la conscience, sur la liberté, sur le droit, écrites en un style sans force et sans couleur, une sorte de style impersonnel, où rien ne retient, où rien n'arrête; çà et là quelques incorrections rompent seules la monotonie uniforme de cette langue de collège.

Faut-il penser cependant que le grand effort qu'ont fait les auteurs de ces manuscrits soit un effort perdu? Nous ne le pensons pas. On ne peut pas demander de l'originalité à tout le monde, on ne peut pas demander non plus à tous les Français d'être des écrivains de race; mais ce qu'on est en droit de souhaiter, c'est que tous soient animés de la passion de la liberté et de la justice. Il est bon que nous puissions dire que, lorsqu'il a été ouvert un concours sur cette question de la liberté de conscience, on a envoyé au jury, de tous les points de la France, plus de trois cent vingt manuscrits; que, sur ces trois cent vingt manuscrits, il y en avait un grand nombre qui étaient animés d'un véritable esprit de tolérance et de justice. C'est une propagande excellente pour la cause que nous défendons, c'est la plus efficace que nous puissions souhaiter. Les auteurs des manuscrits auront, en les exprimant, pris plus nettement conscience de leurs idées et plus fortement; ils seront plus convaincus eux-mêmes de la bonté de leur cause, ils essayeront de faire partager autour d'eux leurs convictions. Il y a, au reste, parmi les mémoires qui ont été soumis au jugement de la Commission, des œuvres d'une réelle valeur : nous en parlerons plus longuement tout à l'heure.

Les auteurs ont largement usé des citations : il est tel manuscrit qui ne consiste guère qu'en citations d'Alexandre Vinet, de M. Jules Simon ou de M. de Pressensé. Dans un des manuscrits réservés, il y a des pages entières empruntées à M. Minghetti. Mais les trois autorités auxquelles les concurrents se réfèrent le plus souvent, c'est le *Nouveau-Testament,* la *Déclaration des Droits de l'homme et du citoyen*, et les livres de M. Drumont.

La *France juive* semble avoir remplacé la *Bible* pour toute une partie de la nation; on pourrait croire qu'elle est le manuel autorisé du parfait catholique. Ses lecteurs n'ont même pas l'idée de contester ou de discuter les assertions qu'elle renferme : c'est un livre inspiré ou peu s'en faut, c'est en tous cas le livre des honnêtes gens. On croit souvent avoir atteint la limite de la crédulité de son prochain, mais on se trompe toujours : il suffit d'affirmer pour être cru. Il faut dire aussi que les gens croient aisément ce qu'ils désirent, et que bien des chrétiens ont gardé au fond du cœur des préjugés assez violents contre les juifs, pour accueillir les yeux fermés toutes les histoires qu'on s'amuse à leur raconter. Le goût des contes de fée n'a point disparu, et on est sûr de trouver des oreilles attentives quand on raconte des belles histoires où figurent de méchants génies et des enchanteurs pervers. Mais ces contes, comme ils sont écoutés avec plus d'attention encore lorsqu'ils flattent les passions haineuses, les rancunes basses, l'orgueil insolent des gens inoccupés et l'envie des spéculateurs malheureux ! On affecte de croire que l'homme qui les a écrits remplit une mission sociale, qu'il est le vengeur de tous les opprimés, le défenseur de tous ceux qui travaillent et qui souffrent ! Et ce sont précisément les défenseurs-nés de tous les privilèges et de toutes les inégalités qui applaudissent et qui ont créé à M. Drumont un succès sans précédent. Ce qui est certain, c'est que ces livres ont pénétré partout en province, qu'on les a lus et relus, et qu'ils sont maintenant partie intégrante de la pensée de bien des gens, au grand dommage de la tolérance et du libéralisme. Heureusement les livres de polémique ne durent guère, ce sont des feuilles légères que le vent emporte; elles ne laissent rien derrière elles qu'une trace à peine visible, vite effacée[1]!

Un jury de sept membres a été chargé de l'exa-

1. Nous ne pensions pas, au moment où nous écrivions ces lignes, que ces paroles de haine auraient aussi vite porté leurs fruits: on a déclaré à la race juive une véritable guerre, on l'accuse de tous les crimes; elle ruine la France, dit-on, elle la dépouille de ses richesses. Tous les appétits, toutes les rancunes, toutes les préjugés traditionnels se sont coalisés; les blouses et les habits noirs se mêlent et fraternisent sur l'estrade des réunions publiques où l'on crie: « Sus aux juifs! »

Sans doute les vrais travailleurs, les socialistes sérieux et sincères, restent en dehors de ce mouvement de réaction et de violence, mais on ne peut répondre que des partis organisés; on ne sait jamais d'avance ce que fera la grande masse ouvrière, incertaine et hésitante, par quels courants elle se laissera entrainer.

C'est une croisade que l'on a entreprise, mais ceux qui l'ont organisée ont craint sans doute que les joies de l'autre vie n'aient point un attrait suffisant pour amener les masses à cet évangile nouveau de haine et de vengeance, on a cru nécessaire de montrer que le bon moyen de faire son salut, c'est de piller les caisses.

Il ne semble pas que toute cette agitation soit bien redoutable; mais il est profondément triste que l'on ait osé une telle campagne en France au centenaire même de la Révolution de 1789. C'est à la cause de la liberté religieuse que l'on s'attaque, c'est toute l'œuvre de la Révolution que l'on voudrait détruire. Aujourd'hui c'est aux juifs que l'on s'en prend, demain ce sera aux libre-penseurs, aux protestants peut-être.

Le fossé se creuse plus profond, plus infranchissable chaque jour, entre les libéraux et leurs adversaires; des haines apaisées, presque éteintes, s'embrasent de nouveau; on ne croit plus au pouvoir de la liberté, on se laisse, dans tous les partis, dans le parti même de la liberté, glisser lentement à l'intolérance et au fanatisme. On tend à rendre solidaire l'Église catholique tout entière de ces excès et de ces violences, qu'elles n'a ni autorisés ni approuvés; les amis maladroits qui défendent sa cause devraient songer aux représailles terribles auxquelles ils l'exposent. Il est très dangereux de prêcher une doctrine d'intolérance et de persécution lorsqu'on n'est pas le plus fort. Il ne faut jamais faire

men des manuscrits. Il était ainsi composé : MM. Jules Simon, sénateur, membre de l'Académie française, secrétaire perpétuel de l'Académie des sciences morales et politiques, *président* ; Franck, membre de l'Institut, professeur honoraire au Collège de France ; Paul Janet, membre de l'Institut, professeur à la Faculté des lettres ; Levasseur, membre de l'Institut, professeur au Collège de France ; Raoul Frary ; Carrau, directeur des Conférences de philosophie à la Faculté des Lettres, *secrétaire* [1].

Le jury a procédé d'abord à un examen sommaire ; il a éliminé tous les manuscrits que leur

appel aux passions mauvaises, elles ne savent pas distinguer ni choisir, et se retournent souvent contre ceux mêmes qui les ont déchaînées ; mais on est surtout en droit de s'étonner de l'étrange audace d'une minorité qui veut briser en un jour l'œuvre d'un siècle et qui demande la mise hors la loi de toute une catégorie de citoyens.

L'apaisement se fera sans doute ; la grande masse des électeurs est restée indifférente à toutes ces provocations, c'est à peine si elle les a connues ; la cause de l'égalité religieuse, la cause de la tolérance et de la liberté, n'aura pas reçu de bien rudes atteintes dans toute cette polémique : elle apparait triomphante au milieu de tous ces arguments vides et de toutes ces déclamations haineuses. Il y a en France assez de justice et de bon sens pour que l'on ne rende pas l'Église responsable de cette croisade étrange, qu'elle n'a point su empêcher, il est vrai, mais qu'après tout elle n'a pas faite ; il serait dangereux cependant que cette lutte durât longtemps : c'est un exemple contagieux que l'exemple de l'intolérance.

1. M. Carrau est mort au mois de février 1889. MM. Foncin, inspecteur général de l'Université, et G. Monod, maitre de conférences à l'École Normale supérieure, ont été alors appelés à faire partie du jury. M. R. Frary a rempli les fonctions de secrétaire. M. L. Marillier, agrégé de philosophie, maitre de conférences à l'École des Hautes-Études, a été adjoint au jury au mois de mai.

sujet, le ton qu'avaient adopté les auteurs ou la faiblesse du style écartaient naturellement du concours. Il a choisi ensuite parmi les autres mémoires tous ceux qui, à titres divers, lui ont semblé mériter l'attention. Les quarante manuscrits qui ont été réservés pour un examen plus approfondi ont été lus avec grand soin par les membres du jury ; le rapporteur a été chargé de rédiger sur chacun d'eux une notice détaillée. Ce sont ces notices que nous transcrivons ici.

III

NOTICES SUR LES MANUSCRITS RÉSERVÉS

Mss. 26. — Lux ! Libertas ! Amor ! 3 cahiers. 203 pages. Prosper Diamant : Mémoires d'un condamné à vie.

L'auteur a adopté la forme du roman. C'est l'histoire d'un instituteur racontée par lui-même. Il perd sa place à Paris parce qu'il parle de Dieu, et dans les Alpes-Maritimes parce qu'il ne va pas à la messe. Il épouse une jeune fille, qui devient une femme accomplie, mais il lui faut quitter le journal où il écrit parce qu'on apprend qu'elle est fille du bourreau. Il rencontre dans la vie un inspecteur intolérant par servilité, un juif charitable qui lui rend un grand service et qu'on lui fait ensuite un crime de recevoir chez lui, un prêtre qui se plaint de la persécution, mais qui demande que l'Église ait seule la direction des âmes, un curé qui est la charité vivante, mais qui ne peut admettre qu'on vive sans religion. Pierre Diamant, d'ouvrier et de domestique, est devenu précepteur : il fait ainsi le tour du monde ; puis il est instituteur à Paris, à Sillé-le-Guillaume, à Nice, journaliste et collaborateur d'un auteur dramatique ; il brise avec l'Université, il est réclamé par le service militaire, et finit par s'établir à Alger et par hériter d'une fortune. C'est une nature droite et raide, toute passionnée pour la liberté ; plusieurs fois il sacrifie sa carrière à sa conscience. Tout ce petit roman est un plaidoyer vivant, éloquent, en faveur de la liberté de conscience. L'auteur est un libéral intransigeant ; il met en scène un soldat qui déserte pour n'avoir pas à réprimer une grève. La Commission aurait aimé à récompenser un mémoire qui peut rendre de sérieux services à la cause que nous défendons ; la forme, par malheur, est défectueuse : les phrases, tout empanachées de métaphores voyantes, s'embrouillent dans des comparaisons étranges ; le style est pénible, souvent obscur, à force de prétention et de recherche. L'auteur est évidemment un écrivain inexpérimenté.

Mss. 78. — La tolérance est mère de la paix. 132 pages.
La Libre-Pensée : Dieu. La Religion. La Morale.

Tout le mémoire tend à démontrer que les religions sont inutiles et qu'elles sont dangereuses ; l'auteur admet cependant qu'il faut les tolérer.

Il n'est question de la liberté de conscience que par allusions et en passant. Le mémoire est bien composé, il est écrit dans une langue claire, souvent forte et poétique, un peu vieillie parfois. L'auteur discute des thèses comme celle-ci : « L'Être supérieur loge dans le ciel. » « L'Être supérieur est tout-puissant. » « La bonté de l'Être supérieur est infinie. » Il cherche à montrer qu'elles sont contradictoires et fausses. Il s'attache à établir l'origine naturelle, humaine des religions : « Ce qui prouve à l'évidence que les religions sont d'invention humaine, c'est que toutes portent l'empreinte visible des époques d'ignorance où elles furent élaborées. Si elles émanaient réellement d'une divinité, elles ne seraient jamais en opposition flagrante avec les lois instituées par cette divinité, et qu'on appelle généralement les lois naturelles. » La conception que l'on se forme d'ordinaire de l'âme semble à l'auteur tout à fait irrationnelle : « Demander ce que l'âme devient après la mort, c'est demander ce que devient l'heure que marquait une horloge après que l'horloge a été brisée ; c'est demander ce que devient la lueur d'une étincelle après que l'étincelle a disparu ; c'est demander ce que devient l'ombre d'un chêne après que le chêne a été anéanti ; c'est demander ce que devient le son après que la corde a fini de vibrer. L'heure, l'étincelle, l'ombre et le son, pas plus que l'âme, ne sont des êtres : ce sont des effets qui disparaissent avec la cause. »

La morale religieuse est à ses yeux la plus détestable des morales : « Sa tendance constante est de substituer de vaines pratiques aux principes qui, en vue du bien général, doivent servir de base aux relations humaines. Grâce à ces pratiques — la plupart superstitieuses — les religions font trouver très naturelles à leurs adeptes les monstruosités les plus flagrantes, telles que les sacrifices humains, les institutions les plus opposées à la nature, telles que le célibat forcé, ou les prescriptions les plus ineptes, telles que celles qui ordonnent des jeûnes à époques fixes, des prières multipliées, des pèlerinages, etc. »

Adversaire de toutes les religions, l'auteur est l'ennemi déclaré du fanatisme : « Il y a des fanatiques d'incrédulité comme il y a des fanatiques de croyance. « Le fanatisme ne s'exerce presque jamais au profit d'un culte choisi comme étant le meilleur ; c'est surtout en faveur du culte imposé dès l'enfance qu'il se manifeste. Tel Breton, tel Espagnol, tel Napolitain, tel piétiste qui endurerait le martyre pour la religion catholique ou la religion réformée se serait en toute conscience cru souillé au contact d'un chrétien, s'il avait été élevé dans le mahométisme. »

Fanatisme et religion sont d'après lui choses inséparables : tout croyant est un apôtre, et un apôtre qui au besoin se servira de la force. Toutes-puissantes pour le mal, les religions sont impuissantes pour le bien ; jamais sa foi n'a empêché un homme d'obéir à ses passions. La seule bonne religion, c'est la morale; c'est elle qu'il faut prêcher.

Le mémoire se termine par un petit traité de morale par demandes et par réponses. La doctrine qui a inspiré l'auteur est celle de la morale utilitaire; la fin dernière, c'est le bonheur collectif des hommes; on ne peut la réaliser que par la justice, par la réciprocité des services. Il y a comme un écho de la pensée de Kant et des criticistes contemporains dans les théories qui sont exposées dans ce mémoire, malgré leur caractère très nettement positif et utilitaire.

L'auteur conclut à la tolérance. Très sincèrement il aspire à être libéral : il n'y peut pleinement réussir; il considère les religions comme des fléaux pour les hommes, on ne peut lui demander d'éprouver pour elles un peu de cette sympathie, un peu de cette large bienveillance qui est la base même de la vraie tolérance.

Malgré de très réels mérites, ce mémoire ne répond qu'imparfaitement à l'objet du concours : la Commission n'a pas pensé qu'il pût servir efficacement la cause de la liberté de conscience. L'auteur n'admet en effet la tolérance qu'à titre provisoire; c'est pour lui une solution à laquelle il se range en attendant mieux. Ce qu'il désire, c'est que les religions disparaissent, que les dogmes se dissolvent et s'évanouissent, que les clergés fassent place aux maîtres de morale. Il ne semble pas que ce désir si clairement exprimé à chaque ligne du mémoire soit de nature à attirer les sympathies des croyants à la cause de la liberté de conscience; c'est un réquisitoire contre la religion, ce n'est pas un plaidoyer en faveur de la liberté.

Le trait caractéristique de ce travail, c'est que l'auteur ne s'en prend pas spécialement au catholicisme, mais qu'il s'attaque à toutes les religions; c'est l'idée même du surnaturel, de l'au-delà, l'idée d'un culte qui s'adresse à des êtres placés hors de l'humanité et au-dessus d'elle, qui est à ses yeux un danger pour les hommes, un obstacle à la cordiale entente de tous ceux qui travaillent pour les rendre plus heureux et meilleurs.

Mss. 80. — Γνῶθι σεαυτόν. Connais-toi toi-même (Thalès, Socrate, Platon). In-12, 140 pages.

L'auteur de ce mémoire a traité la question; il faut même reconnaître qu'il l'a traitée assez complètement. C'est sur le caractère essentiellement religieux de la nature humaine qu'il se fonde pour revendiquer la liberté de conscience. Spontanément, naturellement, l'homme croit en Dieu, il est de droit naturel qu'il puisse l'adorer comme le lui commande sa conscience. Aussi les athées sont-ils exclus du bénéfice de la liberté : « On ne peut pas plus donner la liberté à l'athéisme pour tuer la société qu'à l'assassin pour tuer son semblable... L'athée, ne croyant à rien, n'a pas besoin de liberté pour manifester sa croyance. »

Malheureusement on est toujours l'athée de quelqu'un : les catholiques appellent l'école laïque l'école sans Dieu ; pour un déiste, un panthéiste est athée, et l'*Ethique* l'œuvre d'un impie. Puis il y a des athées pieux, des athées comme Comte qui professent la religion de l'humanité; ce sont des hommes fort religieux, d'une piété plus ardente que bien des rationalistes protestants. Les frappera-t-on au nom de la liberté de conscience?

C'est par une histoire rapide des luttes que les hommes ont eu à soutenir pour conquérir le droit d'adorer Dieu comme il leur plaît que l'auteur prétend démontrer l'excellence de la cause de la liberté religieuse. Les juifs, tour à tour persécuteurs et persécutés, les musulmans, les chrétiens, martyrs de la foi, puis persécuteurs acharnés des hérétiques, sont appelés les uns après les autres pour témoigner dans ce grand procès. Tantôt bourreaux et tantôt victimes, ils ont inondé de sang la terre au nom du Dieu de paix et de justice. C'est au XVIIIe siècle seulement que les idées de tolérance ont commencé à se faire jour, et c'est par des philosophes déistes qu'elles ont été le plus éloquemment prêchées. « On ne fonde rien et on n'améliore rien avec l'athéisme, dit Voltaire. Non-seulement on ne fonde rien, non-seulement on n'améliore rien, mais encore on détruit. Oui, l'athéisme, autrement dit la négation pure et simple de Dieu, conduit à la destruction de toute chose, aussi bien dans l'ordre social que dans l'ordre religieux. » Pour l'auteur, les athées sont des esprits malades, les ennemis nés de la société.

La Révolution n'a pu mener à bien son œuvre de liberté parce qu'elle n'a pas su s'abstenir de toute intervention en matière religieuse ; après avoir mis l'État en dehors et au-dessus de tout dogme religieux, la Constituante n'eût pas dû se laisser entraîner à vouloir imposer au clergé une constitution spéciale. « Elle ne rendit pas les cultes libres, elle les asservit. Mais elle avait rendu un grand service en traitant tous les cultes sur le pied de l'égalité et aussi en laissant toute liberté à la pensée. » En principe, l'auteur est partisan de la séparation de l'Église et de l'État, mais elle doit être préparée, dit-il, par un enseignement inspiré d'un esprit de liberté ; or, à ses yeux, la liberté de l'enseignement n'existe pas de notre temps : un père de famille ne peut faire élever ses enfants selon ses opinions et ses croyances.

L'auteur se livre à une critique très vive de la politique du gouvernement de la République en matière d'instruction publique ; il s'élève surtout contre l'article 7 et les décrets de mars.

On n'est pas en droit, dit-il, de refuser la liberté d'enseigner à une catégorie de citoyens. Il n'est pas légitime, sous prétexte de défendre la liberté, de la restreindre ou de la supprimer. Cela est d'autant plus grave que l'enseignement de l'État est un enseignement irréligieux, un enseignement où l'idée de Dieu, source de toute morale, ne tient presque aucune place. C'est cette attitude du gouvernement qui fait de la séparation de l'Église et de l'État une menace pour le catholicisme. « Puisque, se dit-on, on chasse Dieu de l'école, on veut par la séparation le chasser du pays tout entier. » Toutes les libertés s'appuient et s'étayent les unes les autres ; pour que la liberté de conscience devienne une réalité en France, il faut que toutes les autres libertés, la liberté d'enseigner en première ligne, soient accordées à tous.

Mais il faut se pénétrer de cette vérité qu'athéisme et liberté sont inconciliables : « Une loi athée ne peut être qu'une loi de persécution, qu'une loi d'intolérance, qui tôt ou tard appellera l'intolérance et la persécution en représailles ».

Les appréciations de l'auteur peuvent paraître étranges à quelques égards. Il est difficile de voir la liaison qui existe entre les lois scolaires et la question de la séparation de l'Église et de l'État ; on ne saurait admettre que l'école laïque soit une école d'athéisme, ce n'est même pas une école neutre : au programme officiel sont inscrits en première ligne les devoirs envers Dieu. En réalité, tout ce mémoire est beaucoup plutôt une ardente diatribe contre les athées et une étude sur les rapports de la liberté et de l'athéisme qu'un plaidoyer pour la liberté de conscience. Le style est terne d'ordinaire, parfois déclamatoire, sans défauts graves, mais sans originalité.

Mss. 86. — Oculis subjecta fidelibus.
Une famille sous Louis XIV, pièce en 4 actes. 87 p. in-8.

L'auteur a adopté la forme du drame. L'action se passe dans les Cévennes en 1703. C'est un épisode de la guerre des Camisards.

Le comte d'Aigaliers, gentilhomme huguenot, s'est depuis seize ans converti au catholicisme. Il a gardé près de lui dans son château sa fille Marie. Son fils a été élevé chez les Jésuites de Grenoble. Après quinze ans d'absence, Jean revient à la maison paternelle. Frappé de l'air soucieux de son père, des pensées sombres qui se lisent sur son visage, il le presse de questions.

« LE COMTE. — Puisque ton cœur a deviné ma tristesse, écoute, et tu la comprendras. Sous peu de jours, demain peut-être, il faudra t'éloigner de nouveau de ce toit qui a abrité si peu de temps ta malheureuse enfance. »

Jean s'étonne et s'attriste ; il ne peut comprendre les raisons de ce départ qu'on veut lui imposer, alors qu'il arrive à peine. Le comte lui retrace les affreux malheurs qui ont fondu sur leur pauvre pays ; il lui montre « les paysans, qui se lèvent, « hommes, femmes, enfants, avec ou sans armes. Ils « vont, dit-il, par les ravins et les montagnes, partout « où les pousse le souffle de l'esprit. Chassés de leurs « temples pendant quinze ans et plus, ils ont vécu, « privés de leur culte et de leurs prières, pouvant à

« peine s'entretenir entre eux et pleurer en secret la « mort ou l'exil de leurs pasteurs ; ou bien, condition « mille fois plus horrible, pliés par l'hypocrisie, « souillés d'un double sacrilège, obligés de mentir à « leur foi véritable et à celle qui leur était imposée, « surveillés dans toutes leurs actions et dans toutes « leurs paroles ; traqués comme des bêtes fauves « lorsqu'ils essayaient de s'enfuir ; pillés, outragés, « tourmentés par des gens de guerre et n'ayant de « choix qu'entre deux tortures, celle du corps et « celle de l'âme, qu'entre deux bourreaux, le roi et « Satan ! »

On peut demander au fils du comte d'Aigaliers de marcher contre les religionnaires, qui se sont enfin levés pour combattre le bon combat de la foi ; il faut à tout prix éviter ce malheur. Que Jean serve sa patrie contre l'étranger sur le Rhin, en Piémont, où il voudra !

Jean comprend enfin : son père n'est catholique que des lèvres, sa conversion est feinte ; son père, qu'il adore et vénère, est un réprouvé. Pour lui, il est bon et sincère catholique : ni les adjurations de sa sœur, ni celles de son père ne peuvent rien sur lui ; mais il obéira aux ordres que lui donne son père, il partira.

Un grand bruit se fait entendre : ce sont les Camisards qui arrivent, conduits par Roland.

« Que l'on abaisse le pont ! s'écrie le comte.

JEAN. — Mon père, que faites-vous ?

LE COMTE. — Vous pouvez entrer, les portes sont

ouvertes pour l'armée de Dieu. Que Roland vienne me trouver, il est le bienvenu. »

Jean, indigné, se retire. Le comte donne asile pour la nuit aux religionnaires, il leur fournit des armes. Roland se plaint que bien peu de nobles fassent comme le comte, que tout le poids de la guerre pèse sur les pauvres gens. Le comte lui demande comment il est arrivé à se faire si facilement obéir : « Je fais juger et condamner à mort comme traîtres, répond-il, tous ceux dont la conduite le mérite.

LE COMTE. — Et ces jugements sont exécutés sans murmures ?

ROLAND. — Je n'ordonne que des choses justes, d'après le conseil des plus sages et suivant l'inspiration de l'Esprit.

MARIE. — De l'Esprit ?

ROLAND. — Oui, de l'Esprit qui a dit : Je suis parmi vous, et vous ne me voyez pas. »

Marie, saisie par la grâce divine, dominée par l'ascendant vainqueur de Roland, veut le suivre, partir avec lui ; après une courte lutte, il cède, pour ne pas s'opposer à la volonté de Dieu.

Jean obtient un commandement dans l'armée royale ; il remporte de brillants succès sur les Camisards.

Le comte d'Aigaliers, arrêté dans son château par les gardes du gouverneur, est amené devant Lamoignon de Basville, intendant du Languedoc ; il s'indigne : « Pour quel crime suis-je ici ? s'écrie-t-il.

Nul n'a daigné me le dire, et ma conscience ne m'en reproche aucun. Je ne puis me défendre avant d'être accusé... Mais je me trompe : peut-être suis-je condamné d'avance. Il ne me reste plus qu'à savoir à quelle peine, si Votre Excellence veut bien me la faire connaître.

BASVILLE. — Ne dissimulez pas, monsieur : vous ne prétendez pas me faire croire que vous ignorez ce qui se passe dans votre famille.

LE COMTE. — Mon fils Jean...

BASVILLE. — Il ne s'agit pas de votre fils. Il se conduit bien et avec honneur, malgré vos détestables conseils, malgré vos lettres, malgré vos exemples. Il en sera hautement récompensé.

LE COMTE. — Il ne peut donc plus s'agir que de moi, et non de ma famille.

BASVILLE. — Il s'agit de votre fille, monsieur ; il s'agit de noble demoiselle Marie d'Aigaliers, qui s'est enfuie au camp des camisards ; qui, la chose est plus grave peut-être à vos yeux, s'est affolée du bouvier Roland, généralissime des protestants de France. »

Le comte proteste, s'indigne ; mais Basville met sous ses yeux une lettre qu'un de ses espions lui a livrée, et où Marie proclame son amour pour Roland. Emporté de colère, le Comte d'Aigaliers accepte la commission de colonel que lui offre l'intendant au nom du roi.

Les troupes royales sont battues, le comte est fait prisonnier ; il est amené devant Roland :

« PREMIER CAMISARD. — Eh! les amis, faites approcher l'homme au casque (*au moment où le comte est amené auprès de Roland, il relève la visière de son casque*).

ROLAND (*se découvrant*). — Monsieur le comte! — (*Plusieurs camisards se découvrent et s'inclinent.*)

LE COMTE. — Oui, le comte d'Aigaliers, mes amis. (*A Roland :*) Manant, où est ma fille? Réponds, qu'en as-tu fait?

ROLAND. — Votre fille n'est plus à vous, monsieur le comte : c'est la fille de Dieu.

LE COMTE. — C'est ta victime, ta complice, misérable suborneur! »

Tout finit cependant par s'expliquer : Roland apprend de la bouche même du comte qu'il est aimé de Marie. Saisi de remords, l'âme ébranlée, le comte d'Aigaliers donne sa fille à Roland, « le chevalier de Dieu ».

Mais où trouver un pasteur pour célébrer le mariage? Un homme sort des rangs : c'est Claude Roche, le pasteur de Nîmes, que tous croient mort depuis quinze ans; il porte sur les bras les traces de la question qu'il a subie en 1686. Roland et Marie s'approchent sur un geste du comte, et solennellement Claude Roche les unit. « Au nom du Très-Haut, qui égale les premiers aux derniers et les derniers aux premiers, devant les yeux duquel les hommes ne valent que par leurs vertus, et non par les titres et les noms qu'ils se donnent, je m'adresse à toi, Roland. Aimes-tu, honores-tu, acceptes-tu comme ta femme noble demoiselle Marie d'Aigaliers? »

Le mariage est à peine célébré que le prédicant tombe, blessé à mort d'un coup de feu ; les troupes royales envahissent le camp, le comte d'Aigaliers est tué. Marie se jette sur le corps de son père, elle est entourée par les soldats. Roland, entraîné par les Camisards fugitifs, ne peut parvenir à la délivrer. Jean d'Aigaliers, qui commande les troupes du roi, ne réussit pas à atteindre Roland ; il rallie ses soldats, dispersés à la poursuite des fuyards :

« Rappelez-vous qu'il faut délivrer mon père : je sais qu'il est tombé vivant entre leurs mains.

MARIE (*se levant*). — Parricide !

JEAN. — Dieu ! il est mort ! Mon père ! mon malheureux père !

MARIE. — Parricide ! »

Marie passe en jugement devant les juges du présidial de Nîmes, elle est condamnée à mort. Au moment où la sentence va être prononcée, un courrier apporte de la part du roi des lettres de grâce ; mais cette grâce, Marie la refuse ; elle ne veut pas que l'on puisse penser, comme Jean l'affirme et comme l'a cru le roi, que son père est mort catholique ; il est mort huguenot, en combattant pour sa foi. Rien ne peut l'ébranler : elle proteste de l'attachement de son père à la foi réformée ; elle ne veut pas d'une vie qu'il lui faudrait acheter au prix d'une apostasie et d'une lâcheté, qu'il lui faudrait accepter de la main de ceux qui déshonorent la mémoire de son père. Jean s'irrite et s'indigne de l'obstination de sa sœur. « Les aveux de ma sœur vous ont paru rendre inutile, monsieur l'intendant, une confrontation pénible et honteuse pour elle; ordonnez cette confrontation, elle est nécessaire à la mémoire de mon père.

BASVILLE. — Huissiers, découvrez le corps de Roland. (*Un rideau est tiré, on aperçoit le corps de Roland.*)

MARIE. — Roland! Roland est mort! Oh! mon Dieu!

JEAN. — Viens, regarde.

MARIE. — Oh! qui me fera la grâce de me tuer?

JEAN. — Viens, reconnais-tu le bouvier?

MARIE. — Le héros! le saint! (*Elle s'approche.*)

JEAN. — Ton infâme suborneur.

MARIE. — Mon époux devant Dieu et devant les hommes. Roland, reçois de ma bouche le premier baiser nuptial. (*Elle l'embrasse.*)

JEAN. — Reconnais-tu cette épée qu'il serre encore toute sanglante dans ses doigts crispés? reconnais-tu le pommeau?

MARIE (*avec joie*). — Oui! oui!

JEAN. — Il l'a prise à mon père! il l'a volée!

MARIE. — Imposteur! imposteur! il l'a reçue comme un glorieux présent. Elle et moi, nous étions à Roland au même titre.

BASVILLE. — Opiniâtreté satanique! allégation invraisemblable et mensongère!

« MARIE. — La preuve, la voilà! (*Elle saisit rapidement l'épée et se frappe.*) »

Elle meurt en pardonnant à son frère. Une illumination se fait en lui; par les mêmes lettres qui faisaient grâce à sa sœur, le roi le nommait son lieutenant en la province de Languedoc; il renonce à cette dignité nouvelle, il renonce au métier des armes, il fait vœu d'entrer dans les ordres : « Je passerai le reste de mes jours (puissent-ils être abrégés !) à prier pour l'âme de mon père et de ma sœur, pour le roi, pour la France; je supplierai Dieu qu'il mette fin aux profanations dont son nom est le prétexte de la part de ceux qui l'invoquent en vain. Ceux-là, messieurs, ne sont pas tous des huguenots... Je reste, je ne serai jamais que catholique. De ma croyance inébranlable j'ai donné les preuves les plus sanglantes. Mais mon cœur est torturé, mais mon esprit est dans l'épouvante. Car je vois écrits devant moi ces mots terribles : « Celui qui frappe avec l'épée périra par l'épée. » Oh ! puisse la sentence du Christ ne tomber que sur ma tête! puisse-t-elle en épargner de plus illustres et, j'ose le dire, de plus coupables!

BASVILLE. — Monsieur, le roi sait ce qu'il ordonne, votre douleur vous égare.

JEAN. — Elle m'éclaire, monsieur; je suis un homme et vraiment un chrétien, j'ai connu la pitié.

BASVILLE. — Ce sentiment, monsieur, ne m'est pas permis à l'égard des ennemis jurés de l'Église et du royaume.

JEAN. — Fasse le Ciel qu'il ne vous demeure pas inconnu, à vous et à l'homme dont vous avez fait votre Dieu! (*A un geste de Basville*) Monsieur, je ne suis plus lieutenant du roi, mon vœu est public : j'appartiens à l'Église. »

Telle est rapidement exposée l'action du drame. Les caractères sont très nettement, très simplement dessinés; trop nettement, trop simplement peut-être. Ce sont des attitudes, des symboles, plutôt que des êtres vivants; mais, malgré leur raideur, leur conduite n'est pas toujours bien claire, ni bien aisée à pénétrer. Le comte d'Aigaliers et son fils changent de détermination avec une rapidité qui étonne et sans qu'on assiste au travail intérieur qui s'est fait en eux; on sait leurs motifs, on les voit, mais on trouve étranges ces subites révolutions, ces brusques changements, chez des hommes si entêtés de leurs propres idées, enfoncés si avant dans la foi qu'ils professent. Les faits se hâtent et se pressent, l'action procède par sauts brusques; mille choses sont sous-entendues, et cependant certaines scènes sont longues, presque traînantes, la conversation, par exemple du maréchal de Montrevel avec Basville. L'intendant reçoit de suite deux espions qui viennent lui faire leur rapport; c'est trop d'un, tout au moins. La mort de Marie semble amenée par le besoin de terminer la pièce; ce n'est guère la mort d'une chrétienne, d'une fille de Dieu, d'une prophétesse de l'Esprit en qui le Seigneur à mis ses complaisances. On est encore ému et troublé de cette mort, lorsque Jean d'Aigaliers déclare qu'il renonce au monde pour le cloître; cela surprend, étonne, mais ne touche guère. Il faudrait plus de temps entre les évènements, une action moins essoufflée, moins pressée; on suit, en haletant, les personnages, sans les atteindre jamais.

Le style est rapide et ferme d'ordinaire; en quelques passages, il atteint presque à l'éloquence.

Tout l'intérêt de la pièce, ce sont ces consciences honnêtes et étroites que la diversité de leur foi rend irréconciliables; elles se pardonnent cependant dans la mort, et l'amour ardent dont ces cœurs sont remplis se fond en une immense pitié. On ne peut haïr ni les victimes ni les bourreaux, on ne peut que les plaindre; que détester la cruauté de tous; on se sent étouffer au milieu de ces braves gens qui se torturent et s'entretuent; on appelle à grands cris la liberté, la paix, le droit pour tous les hommes de pardonner.

Mss. 92. — Otée la cause, ôté l'effet. In-8, 523 pages.
Liberté et Religion.

—

La thèse soutenue par l'auteur est fort originale: « La liberté de conscience ne doit pas être considérée seulement comme le droit de croire librement, elle doit être aussi regardée comme le fait de penser par soi-même d'une manière indépendante... Nous avons le droit, mais beaucoup n'en usent point. On est d'autant plus libre de pensée qu'on pense davantage et qu'on pense avec plus d'originalité. Aussi peut-on dire que la liberté positive de conscience c'est le pouvoir de trouver des conceptions religieuses nouvelles ou des raisons nouvelles de rejeter celles qui ont eu cours. »

Il y a au fond de cette théorie une idée fort juste : ce n'est pas la bienveillance du caractère, la bonté, la charité du cœur, qui constituent la véritable garantie de la tolérance, mais une certaine forme d'intelligence qui nous fait trouver une jouissance dans les idées mêmes qui nous semblent fausses, qui nous permet de découvrir sous les dogmes qui ne sont pas les nôtres l'esprit de vérité et de justice que nous adorons. Toutes les pensées ont droit au respect par cela seul qu'elles sont des pensées, par cela seul qu'à un moment de la vie de l'humanité, elles ont incarné en elles ce qui pour une heure a paru la vérité.

Il n'est pas, au reste, de croyance sincère qui n'ait en elle une âme de vérité ; rien n'est absolument faux et indigne de respect qui a pu servir à un homme de consolation et d'espérance. Le mot de vérité change presque de sens lorsqu'on passe du domaine de la science dans celui de la religion. Il nous faut bon gré mal gré, si nous voulons agir sur le monde, nous adapter à lui ; mais, pour pouvoir adorer Dieu, il nous faut lui donner une forme, une forme qui nous permette de le penser et de l'aimer ; il nous faut incarner Dieu dans notre esprit charnel pour le rendre réel à nous-même et lui donner la vie ; tant vaut l'homme, tant vaut la foi.

Nous nous imaginons qu'on nous donne des dogmes du dehors; c'est une langue qu'on nous apprend, mais seuls nous pouvons attacher un sens à ces mots sonores et pénétrants qui viennent à nous, du fond des âges lointains, vêtus de mystérieuse lumière. Nous sommes les artisans inconscients de notre foi; c'est nous qui tissons l'étoffe splendide dont nous enveloppons le Dieu que nous avons modelé de nos mains.

Devant cet incessant travail des hommes qui enfantent sans cesse de nouveaux infinis, tourmentés qu'ils sont du besoin de se prosterner et d'adorer, on se sent saisi de respect. On se jugerait criminel si on brisait cette fleur sacrée que le soleil de l'amour a fait s'entr'ouvrir; ceux-là seuls qui ont assisté à cet intime travail des cœurs, qui l'ont compris et aimé, ceux-là seuls auront pour la pensée d'autrui, pour ses croyances, pour son culte, ce respect délicat, cette bienveillante et discrète curiosité sans lesquels la tolérance est toujours précaire. Il ne faut pas seulement qu'il règne entre les âmes une paix fondée sur la justice (on est facilement intolérant au nom de la justice), il faut qu'il existe entre elles une véritable amitié intellectuelle.

Cette amitié va aux plus humbles, à celles qui balbutient encore, qui croient répéter docilement, épeler, comme font les enfants, la leçon que le Maître divin leur a enseignée. Ces consciences-là sont des consciences libres si elles ne sentent pas leurs chaînes, plus libres parfois que les nôtres, moins entravées par la discussion, par le doute, par les mille préjugés du monde. Ils croient, ces grands cœurs d'artistes, n'avoir pas créé leur foi; ils croient que c'est devant une tradition éternelle qu'ils s'inclinent, ils croient qu'ils sentent et pensent Dieu comme il y a mille ans. En sont-ils moins libres si leur foi est vivante, si ce n'est pas un joug brutal qu'on a fait peser sur eux? Il y a grande différence, dit-on, entre être libre et se croire libre, se sentir libre. Cela est-il bien juste, et la différence est-elle aussi profonde qu'on le prétend? Être affranchi, c'est ne pas sentir la contrainte qui pèse sur soi.

Qu'est-ce donc que la liberté des enfants de Dieu, dont parle Luther, sinon l'étroite dépendance de la grâce de Jésus-Christ, de cette grâce prévenante et souverainement douce qui a brisé les liens de la chair et s'est asservi le libre-vouloir? Celui qui est justifié par sa foi est libre, souverainement libre, précisément parce qu'il n'a plus d'autre volonté que la volonté même de son Maître. Si nous traduisons cela en notre langue d'aujourd'hui, il nous faudra bien avouer que le croyant est le plus libre des hommes, répétât-il sans y changer une syllabe le formulaire de son Église, précisément parce que, ayant fait abnégation de sa volonté, il ne sent aucune contrainte peser sur lui et l'opprimer.

Le joug devient pesant à l'heure même où chancelle la foi, où nous n'acceptons plus la tradition de notre Église, où nous souhaitons de nous faire à nous-même un autre *Credo*, mais à l'heure où cependant nous ne le voulons pas encore, où des dogmes morts écrasent notre pensée de leur immobilité morne; nous avons à ce moment-là plus de pensées et plus nouvelles, mais notre vie religieuse est moins intense peut-être, et, à tout prendre, notre liberté moins complète.

Il ne faut pas mesurer l'intensité de la vie religieuse à l'abondance et à la nouveauté des formules. C'est une erreur où l'on tombe souvent, une erreur séduisante, mais une erreur cependant. On verse souvent le vin nouveau dans les vieilles outres, et il lui faut fermenter longtemps avant de les briser. Les époques où l'on discute, où l'on argumente, où l'on innove beaucoup en matière de dogme, sont celles souvent où la lettre s'est le plus étroitement asservi l'esprit.

Ce qui importe, c'est que les âmes soient affranchies de toute contrainte extérieure, qu'elles se développent librement suivant les lois de leur propre nature; il faut qu'elles soient elles-mêmes, le danger est aussi grand pour leur liberté de les affranchir de force que de les plier de force à une autorité. Rien n'est plus difficile, plus malaisé à manier qu'une conscience de croyant; on lui fait d'irréparables blessures en voulant la façonner trop vite sur un modèle que l'on a conçu, en voulant la faire vivre d'une vie que d'elle-même elle n'aurait point vécue.

Il semble que l'auteur du mémoire ait confondu parfois des choses qu'il importe de ne point mêler, qu'il n'ait point distingué assez nettement la pensée scientifique de la pensée religieuse. Que les croyances d'un homme influent sur ses idées scientifiques, que ses passions politiques réagissent sur ses dogmes, c'est ce que nul ne contestera; mais ce n'en sont pas moins des faits de divers ordres et dont les lois sont différentes. Il semblerait que c'est du dehors que l'auteur a regardé la religion, qu'il l'a étudiée comme une chose morte, qu'il faut tolérer, supporter par équité, dans l'intérêt du bon équilibre social, mais qui surprend et étonne au milieu de nous. On sent circuler à travers tout l'ouvrage cette conclusion, qui cependant n'est nulle part nettement formulée, que le seul moyen de se faire réellement libre, c'est de renoncer à tout dogme révélé, à toute foi positive, à tout culte traditionnel.

Sans doute, et nous sommes d'accord sur ce point avec l'auteur, la tolérance ne suffit pas, il faut aller jusqu'au respect, jusqu'à l'amitié pour la pensée d'autrui; mais je ne sais pas si le positiviste sera nécessairement libéral ni l'homme de foi intolérant. Ce serait logique, dira-t-on. D'abord cela n'est point prouvé, et ensuite la logique abstraite n'a que faire ici. En réalité, il y a des autoritaires dans tous les partis, dans toutes les écoles, dans celle de Comte comme dans les autres. Il est certain que les sceptiques sont enclins au libéralisme; mais le rationalisme ou le positivisme sont des dogmatismes tout aussi rigoureux, tout aussi affirmatifs que le catholicisme lui-même.

En matière de liberté de conscience, il ne faut jamais faire intervenir cette considération que telle ou telle doctrine est fausse ou vraie; elle est, voilà tout, et il y a des hommes qui la croient vraie et qui vivent de cette croyance; c'est tout ce qu'il nous faut pour la respecter et pour les respecter eux-mêmes.

Le mémoire, qui est fort étendu (523 pages), est divisé en trois parties : I. *La Liberté*. II. *La Religion*. III. *Conclusions pratiques et inductions*. Il est malaisé de saisir tout d'abord le lien qui les unit, et il semble, en lisant certains chapitres, que l'on est bien loin de la question qui faisait l'objet du concours, la question de la tolérance religieuse et de la liberté de conscience. Mais il faut se reporter à ce passage : « Le but de ce livre serait d'amener celui qui le lira non-seulement à se montrer tolérant envers la croyance des autres, non-seulement à leur reconnaître le droit de penser comme il leur plaît, mais encore, car ceci est la véritable liberté, à penser et croire lui-même librement et virilement ». C'est à affranchir les esprits de leurs préjugés que l'auteur a surtout employé ses efforts, bien plus qu'à les amener à supporter les préjugés des autres; et, pour se mieux rendre compte des moyens dont on pouvait se servir pour atteindre ce but, il a étudié avec grand soin les diverses influences qui s'exerçent sur nous et qui déterminent nos manières de penser et de sentir.

Remarquons tout d'abord, que, sans se l'avouer à

lui-même, sans le dire surtout explicitement, les préjugés auxquels songe l'auteur ce sont les croyances positives. Il a pour le sentiment religieux un grand et sincère respect, mais il se défie des dogmes, il les traite volontiers en ennemis. Ce n'est pas qu'il aspire à la religion sans dogme et sans rites qu'ont rêvée bien des protestants libéraux, mais il possède un système de dogmes et de rites qu'il voudrait voir triompher. Sa religion c'est la religion de l'humanité, mais non pas telle absolument qu'Auguste Comte l'avait conçue; les grands hommes y tiennent une place beaucoup moins importante. Il ne veut point l'imposer, mais il pense, il espère qu'au milieu de la lente dissolution des religions traditionnelles, elle restera seule debout.

Je ne sais pas si la religion de l'humanité est à la veille de triompher, je ne sais pas surtout si son triomphe servirait la cause de la liberté de conscience. C'est une religion, nous dit-on, qui rejette tout surnaturel; mais ce n'est pas là une idée bien claire. Comme tous les créateurs religieux, Comte dépasse en ses affirmations les limites de l'expérience, et le surnaturel, à le bien prendre, est-ce donc autre chose que ce qui dépasse l'expérience sensible? La notion du miracle n'est pas indispensable à l'idée du surnaturel. Croit-on, au reste, que cette notion du miracle soit une notion si distincte, dont la contradiction éclate tout d'abord et dont il soit si aisé de se débarrasser?

Nous n'avons pas à discuter ici les dogmes de la

religion de l'humanité; ce qu'il importe de maintenir, c'est que ce sont des dogmes, des dogmes qui peuvent devenir aussi oppressifs pour la liberté de conscience, que ceux du catéchisme du Concile de Trente ou du Coran. Changer de dogmes, ce peut être un progrès religieux, ce n'est pas un progrès vers la liberté. La vérité, c'est que l'auteur est fort préoccupé de maintenir vivante la religion, et que très souvent c'est cette question qui vient au premier plan, et non plus celle de la tolérance. Voici en effet sa conclusion : « Le point essentiel, ce n'est pas que nous soyons catholiques ou protestants, c'est que nous gardions l'esprit religieux ou l'équivalent de cet esprit ».

Peut-être si l'auteur semble si peu soucieux de la tolérance, la faute en est-elle au plan qu'il a adopté. Il semble parfois qu'il ait étudié en elles-mêmes et pour elles-mêmes la religion et la liberté, sans se préoccuper beaucoup de leurs relations. Or voici toute la question : Comment faire que des hommes de croyances opposées vivent mêlés les uns aux autres en s'estimant, en se respectant, en s'entr'aidant à l'occasion? On sent bien que ce n'est pas là ce qui importe à l'auteur, aussi ne consacre-t-il guère aux questions pratiques qu'un chapitre d'une vingtaine de pages. Certains de ses développements, le chapitre sur l'Origine des religions par exemple, pourraient paraître des hors-d'œuvre, si l'on ne se rendait pas compte du point de vue très particulier auquel il s'est placé.

Acceptons pour un instant ce point de vue, et voyons comment l'auteur a traité les questions qu'il s'est lui-même posées dans ce mémoire. Le problème général qu'il a tenté de résoudre peut se formuler ainsi : La liberté, ou, si l'on veut, l'originalité, l'initiative de chacun, est limitée par un très grand nombre de conditions diverses ; quelle est la place que tiennent parmi ces entraves à la libre expansion de l'esprit les religions traditionnelles? L'auteur a été amené ainsi à étudier les diverses formes de la liberté et l'action exercée par la religion sur les manifestations diverses de la vie intellectuelle et de la vie sociale, les arts, les sciences, les mœurs et les institutions.

Ces relations entre les croyances et les pratiques religieuses et l'ensemble de la vie d'un peuple, il semble tout d'abord qu'il ne doive les examiner que pour déterminer la place que laissent à la liberté les rites et les dogmes en qui s'incarne toute religion ; mais il n'en est pas ainsi. Il s'est laissé entraîner à faire une étude très rapide, un peu superficielle peut-être, mais très complète, du rôle de la religion dans la pensée et la société modernes ; il a recherché quelles influences exerçaient sur elle les lois positives, les sciences, les arts, les habitudes de la vie. De proche en proche il en est venu à étudier la religion pour elle-même ; de là ces chapitres qu'on ne s'attendrait guère à trouver dans un ouvrage sur la Tolérance religieuse : « *Les Religions historiques, L'Origine des Religions* » ; de là encore le chapitre sur « l'Avenir de la Religion ».

Il semble que l'épigraphe du livre : « Otée la cause, ôté l'effet » soit le fil conducteur qu'il faut ne pas abandonner. L'intolérance des hommes et leur servitude intellectuelle ont une même cause, la tyrannie des dogmes, c'est cette tyrannie à laquelle il faut s'attaquer. Il faut que les esprits s'habituent à regarder les faces multiples des choses; ils cesseront ainsi à la fois d'être les esclaves des vues étroites et incomplètes de leurs ancêtres et d'imposer aux autres le joug pesant auxquels ils se sont assujettis. Faire de tous des hommes libres, faire de tous des esprits libres, de telle sorte que tous défendent la liberté de chacun par respect pour leur propre liberté, tel est l'idéal que s'est formé l'auteur. Il ne croit pas qu'on puisse être à la fois le serviteur d'un dogme exclusif et l'ouvrier de la liberté, il ne croit pas qu'un esprit qui vit courbé sous le joug de la foi puisse résister à la tentation de se donner des compagnons d'esclavage. Peut-être au fond a-t-il raison.

Le malheur c'est que le libéralisme à outrance est un dogmatisme comme un autre. On en arrive bien vite à cette irrésistible tentation d'affranchir les gens malgré eux ; on les réduit en esclavage au nom de la liberté. Peut-être y a-t-il quelque peu de doute au fond de la tolérance vraie, ou du moins un peu de cette humilité sincère, de cette réelle modestie qui devrait nous faire hésiter toujours et trembler devant la vérité même et la science. Nous

nous savons si bien faillibles, nous nous sentons de si médiocres médecins des âmes, que nous devrions n'imposer rien, même la liberté, ne rien réduire en dogmes et en formules, nous défier même de ce dogme que tous les dogmes ne sont vrais qu'à demi.

On devient vite intolérant lorsqu'on lutte pour son parti, on le devient plus vite peut-être à réfléchir seul dans son cabinet; ce qui rend indulgent à tous et ouvert aux idées de tous, c'est de vivre, de vivre en jouissant de l'infinie variété, du charme toujours nouveau des pensées qui poussent, comme de vertes branches sur le vieil arbre de l'humanité.

En réalité, l'auteur du mémoire ne tolère qu'à regret les intolérants; il en parle avec amertume, avec aigreur; son déterminisme ne l'empêche pas de récriminer contre l'Église catholique, et l'on se demande parfois avec crainte s'il ne considère pas comme intolérants tous ceux qui croient en une révélation; c'est un positiviste intransigeant, et qui plus est un positiviste orthodoxe. « L'intolérance est permise, est bonne même dans une certaine mesure, parce qu'elle prouve un caractère viril », a pu écrire l'auteur du mémoire, et il semble que sa tolérance à lui soit précisément cette tolérance virile qui ne supporte qu'avec peine les convictions d'autrui.

Il ne veut pas que l'on doute : il éprouve pour le scepticisme, « ce vice de dégénérés », une sorte de répulsion; mais il comprend bien lui-même que la tendance de toute foi vive est d'assujettir les consciences de gré ou de force. La solution, d'après lui, c'est d'élargir la foi ; il pense que, lorsqu'un homme pourra embrasser à la fois les vérités physiques et mathématiques et les hypothèses métaphysiques, il ne sera jamais très intolérant. Il semble qu'il y ait là une illusion ; s'il ne s'est pas glissé chez lui quelque doute, ou si de ces multiples études n'est pas née en lui cette universelle curiosité de la pensée d'autrui dont nous parlions plus haut, ce croyant aux croyances multiples pourra s'attacher avec une même intransigeance à la lettre de tous ses *Credo*.

Puis ne faudra-t-il pas souvent attenter à la liberté de conscience pour la sauvegarder, si l'on fait consister cette liberté en un abandon des dogmes étroits et exclusifs ? L'auteur désire de la meilleure volonté du monde mettre en pratique les mœurs de la liberté, mais il se trouve sans cesse aux prises avec une conception autoritaire de la liberté qu'il ne s'avoue point à lui-même et qui le gêne fort.

Il a en éducation des maximes qui au premier abord paraissent excellentes : « Il faut laisser l'enfant voir et juger par lui-même, il faut que le maître n'intervienne qu'autant que son intervention est strictement nécessaire ». « Chaque fois que l'enfant « peut trouver par lui-même une vérité, le maître « en la lui laissant trouver développe en lui l'éner- « gie et l'indépendance de la pensée. Rien n'est « plus facile à un professeur intelligent que de « fournir à ses élèves des occasions de penser par « eux-mêmes : ainsi il peut les faire discuter sur

« une question ; dans les hautes classes, il peut leur « faire faire des leçons sur des sujets spéciaux, leur « donner des devoirs exigeant quelques recherches « personnelles. Rien peut-être ne vaudrait mieux, « pour former une nation de penseurs indépen- « dants, que de subordonner en quelque sorte, « dans les classes élevées de l'enseignement secon- « daire et dans l'enseignement supérieur en géné- « ral, le professeur aux élèves. Le premier, au lieu, « comme cela lui arrive souvent, de faire un cours « très développé et d'être seul acteur dans sa classe « ou sa salle de cours, se contenterait alors de don- « ner aux élèves quelques indications générales, « de diriger leur travail ; mais ce seraient eux qui « chercheraient dans les livres, qui réfléchiraient, « parleraient au besoin, et non pas lui qui leur ap- « porterait la besogne toute faite. »

Il est certain que les enfants et les jeunes gens s'habitueraient ainsi à la libre critique, à l'exercice personnel et viril de la pensée ; mais est-il aussi certain qu'ils en deviendraient plus tolérants, qu'ils s'ouvriraient plus aisément aux idées d'autrui ? Rien ne le démontre à notre avis : c'est le caractère naturel des jeunes gens de n'être que d'une opinion, de la leur. Je sais bien qu'elle ne leur appartient guère et qu'on la leur a d'ordinaire soufflée du dehors ; mais enfin, à tort ou à raison, ils s'imaginent qu'elle est à eux et ils s'y tiennent. Le libre-examen est chose excellente, il apprend à se respecter soi-même, mais il n'apprend pas toujours à respecter la conscience d'autrui, et je crois précisément que le maître, qui a d'ordinaire plus d'expérience de la vie que ses élèves, peut avoir un rôle très utile en leur montrant que les choses sont moins simples qu'il ne paraît, qu'il est excellent d'avoir un avis à soi et de ne pas jurer sur la parole d'autrui, mais qu'il est non moins nécessaire de n'être pas trop de son propre avis et de comprendre qu'il y a dans l'opinion des autres quelque part de vérité ; que si même ils se trompent, et si nous avons pleinement raison, il est sage de n'en triompher que discrètement. On ne fonde peut-être la liberté que par la violence, mais pour la conserver il faut savoir tolérer tout le monde et ne se fâcher de rien.

Ce n'est peut-être pas être aussi tolérant qu'il conviendrait que de réclamer, comme l'auteur du mémoire, que l'on remplace les catéchismes par des Vies de Jésus, des Saints et des Saintes, et que l'on n'enseigne jamais les dogmes comme des vérités incontestables ; car enfin, à supposer que je considère un dogme comme certain, ce serait violenter étrangement ma liberté que de vouloir m'obliger à affirmer que je doute de cette certitude, et si je crois qu'il importe au salut des âmes de leur apprendre certaines formules religieuses, je me demande au nom de quel principe on pourrait m'engager à ne les leur point enseigner.

Ce qu'il faut proclamer, c'est que, ces formules, personne n'a le droit de les imposer à personne. Mais vous les imposez aux enfants ! dira-t-on. La vérité, c'est qu'on imposera toujours quelque chose aux enfants; c'est un malheur, je le sais bien, mais qu'y faire? Pour discuter, encore faut-il avoir sur quoi discuter. Donner comme des hypothèses ce que l'on juge certain, c'est imposer une croyance à l'enfant, et une croyance que l'on estime fausse. Chaque chose à son heure; parlez à l'enfant suivant votre foi, et, à l'heure où sa réflexion s'éveille, laissez-le chercher lui-même sa route; mais apprenez-lui qu'il doit respecter toute foi sincère, et qu'il n'a pas à s'ériger en juge des consciences, qu'il lui faut s'incliner devant les doctrines fausses comme devant les doctrines vraies; que toute âme d'homme a droit de croire ce qu'elle croit et de pratiquer sa croyance.

L'auteur du manuscrit a semé tout le long de son étude des réflexions ingénieuses et parfois profondes; à chaque page presque de cette analyse pénétrante du rôle social de la religion, on rencontre des faits bien observés, analysés finement. L'auteur cependant n'est pas à l'aise dans le domaine des choses religieuses, il y est nouveau, on le sent, et un peu désorienté.

Puis, et cela était inévitable, tant est grand le nombre des questions auxquelles touche ce livre, plus d'une erreur s'est glissée dans ces 500 pages. La définition qui est donnée de la religion : « La croyance à l'existence d'objets doués de vie et de pensée et qui ne peuvent tomber qu'exceptionnellement et incomplètement sous les sens », est bien contestable. Les idées scientifiques qu'elle suppose sont fort étrangères aux fondateurs religieux; la distinction entre le naturel et le surnaturel est une distinction récente, on ne saurait trop le répéter. Toute la théorie anthropomorphiste, qui est longuement développée dans ce mémoire, semblera très douteuse si l'on songe à la grande place que tient dans toutes les religions des peuples peu civilisés le culte des animaux.

Très souvent la connaissance des faits anciens, je veux parler de la connaissance historique, de la connaissance par les textes, fait défaut à l'auteur; il comble les lacunes de son savoir par des généralisations *à priori*, et malheureusement elles ne sont pas toujours d'accord avec la réalité.

Certaines de ses remarques, fines et justes si on restreint leur portée, surprennent un peu si on leur conserve le caractère de généralité qu'il leur a donné; celle-ci par exemple : « En même temps que l'âme d'une religion meurt en quelque sorte, et que cette religion se vide de sentiments et d'idées, son corps s'affermit et prospère; le culte bénéficie du surcroît de vie laissé disponible par la disparition des sentiments et des idées qui primitivement s'associaient à ce culte ». Ayant montré que la conception que nous nous faisons des êtres surnaturels subit une influence profonde de la part des institutions politiques, l'auteur en conclut que la démocratie doit engendrer le polythéisme. On trouvera sans doute la conclusion forcée; c'est que le problème est beaucoup plus complexe qu'il ne semble, qu'une influence ne s'exerce jamais seule, mais à côté de cent autres.

L'histoire de l'art qui est exposée dans ce mémoire est un peu une histoire de fantaisie, et je ne sais si l'on sera frappé comme l'auteur par la liaison étroite qui existe entre le culte des ancêtres et la naissance des grands poèmes épiques.

Il n'est point au courant de la critique biblique, et fait remonter à Moïse la législation mosaïque. Il se donne parfois quelque peine pour établir des propositions que nul ne conteste, sauf des orthodoxes intransigeants que ses arguments sommaires n'ont guère de chance de persuader : c'est ainsi qu'il consacre tout un chapitre à montrer que les religions ont varié.

Il y a parfois des étrangetés dans ce mémoire : l'auteur se plaint, par exemple, du despotisme (c'est le mot qu'il emploie) de l'Académie française, despotisme qui s'exerce, dit-il, sur la prononciation et l'orthographe. Il n'a pas gêné grand monde jusqu'ici, que je sache, ni entravé le libre exercice d'aucune croyance.

Mais, à côté de ces taches si aisées à faire disparaître, que de remarques fines et frappantes ! L'auteur a très bien montré, par exemple, quelle action profonde exerçait sur les croyances des gens du peuple l'exemple des classes supérieures : « Là où « dans un village le paysan voit, de nos jours, « notaire, juge, percepteur, receveur d'enregistre-

« ment, agents du gouvernement et personnages « officiels en général s'abstenir d'aller à la messe « et de communier, malgré la répugnance qu'il « éprouve à quitter ses vieilles habitudes, il en « vient peu à peu lui-même à négliger la messe et « la communion. » Tout ce qu'il dit du rôle des vieillards, de l'action de la loi positive, des institutions militaires, est à lire et à méditer.

Le mémoire est écrit en un style correct et clair, un peu diffus, un peu traînant parfois, mais toujours précis. Lorsque l'auteur s'est trompé, ce n'est jamais parce qu'il n'a pas vu clair dans ses propres idées, c'est parce qu'il n'a pas su sortir de lui-même, parce qu'il a trop abondé dans son sens. Les causes sociales de l'intolérance sont exposées avec une grande pénétration ; c'est que là l'auteur est sur son vrai terrain, il connaît mieux la société politique que la vie religieuse et les mœurs actuelles que l'histoire du passé. C'est la partie vraiment vivante, vraiment utile du mémoire ; ce sont ces pages-là qui pourront servir utilement la cause de la liberté (Livre I tout entier ; livre II, chapitre V : la Religion et la Société ; chap VI : la Religion et les Mœurs ; chap. VII : la Religion et les Institutions civiles et politiques ; livre III, chap. I : Conclusions pratiques).

Mss. 93. — La Conscience libre dans l'État libre c'est l'idéal. In-4. 20 p.

Ce mémoire, écrit en une langue éloquente et pressée, est un *discours* en faveur de la séparation de l'Église et de l'État. L'auteur apporte peu d'arguments nouveaux; il ne semble pas, du reste, s'en soucier beaucoup. Il n'indique pas quelles réformes pratiques pourraient nous habituer aux mœurs de la liberté. Il cherche bien à montrer que l'intolérance est une habitude plutôt qu'un principe, qu'elle est de tous les temps et de tous les partis, mais il l'affirme en passant; il indique les preuves qu'on en pourrait donner, il ne les donne pas lui-même; il semblerait qu'il n'en ait pas le temps. Peu de formules frappantes et que l'on puisse citer, mais un style entraînant, animé, un style fait bien plutôt pour être parlé que pour être écrit.

Mss. 99. — Montrer les petits côtés des choses graves et les côtés gais des choses tristes (Paul Desjardins. Esquisses et impressions).

La Liberté de conscience, scènes de mœurs contemporaines. Gr. in-12, 194 p.

L'auteur a pensé que le meilleur moyen de corriger de l'intolérance, c'est de mettre en scène les intolérants. Intolérants catholiques et intolérants libres-penseurs sont renvoyés dos à dos. La sœur qui amène les malades à se confesser à force de côtelettes, de tabac à priser et de petits verres de rhum; la municipalité qui révoque une *directrice* d'hôpital parce qu'elle a fait appeler un vicaire de l'église la plus voisine auprès d'une agonisante qui demandait un prêtre; le directeur d'usine qui exige de de ses ouvriers un billet de confession, et celui qui ne veut pas leur permettre de se reposer le dimanche par crainte de compromettre son élection; l'inspecteur d'Académie qui veut contraindre une maîtresse d'école protestante à accompagner ses élèves à la messe, et le percepteur qui n'ose pas paraître au temple parce qu'il craint de nuire à son avancement, trouvent tous place dans cette galerie de portraits. C'est une série de scènes détachées, vivement et agréablement écrites.

Il y a par instant une réelle entente du dialogue. Les personnages sont peu vivants, ce sont de simples silhouettes à peine esquissées; il faut faire effort pour se souvenir d'eux, pour ne pas les oublier, la page tournée. L'auteur a regardé autour de lui, il a observé, mais il a observé à travers des conventions, à travers des phrases de livre et de salon; jamais on n'a, en le lisant, l'impression sincère et forte de la vie, et les gros mots qu'il met dans la bouche de ses personnages n'y changent rien, ils choquent presque; tous ces gens-là sont trop bien élevés pour jurer, et lorsqu'ils disent « J'étions », ils font penser à quelque marquise aux cheveux poudrés qui s'amuserait à jouer à la laitière. C'est une œuvre sans force comique, sans puissance d'émotion, un recueil de proverbes de salon. L'auteur ne peut réussir à dissimuler ses préférences pour le protestantisme; il a le langage, les habitudes d'esprit, les façons de sentir de la société protestante.

Mss. 109. — Veritas liberabit vos. 1095 p. pet. in-8. Liberté de conscience et du culte et Sacerdocratie romaine.

Ce mémoire est un travail remarquable, l'œuvre d'un homme instruit et d'un esprit vigoureux. C'est un réquisitoire violent contre les religions d'État, contre la papauté, un plaidoyer passionné en faveur de l'élection des évêques et des curés. Mais réquisitoire et plaidoyer ont une forme historique ; cette histoire est, il est vrai, écrite *ad probandum*, mais elle est faite sur les textes. L'ouvrage, très volumineux, ne semble pas avoir été composé en vue du concours, du moins en son entier. Les vingt-deux derniers chapitres (il y en a en tout cinquante) forment un livre qui a son unité, qui est un tout à lui seul ; son vrai titre serait : *L'Église catholique et les principes de* 1789. C'est une histoire de la formation de la suprématie pontificale, de la hiérarchie ecclésiastique, et de la puissance des évêques, une apologie de la constitution civile du clergé considérée comme un retour à la constitution primitive de l'Église.

L'auteur a une connaissance très étendue, mais qui n'est pas toujours très critique, de l'histoire de l'Église ; il n'est pas au courant des résultats de la critique biblique. Dans toute la dernière partie du livre (950 pages sur 1095), il n'est question qu'accessoirement de la liberté de conscience. Les 145 premières pages, qui forment neuf chapitres, sont, au contraire, consacrées à une démonstration historique intéressante des avantages intellectuels, moraux et religieux de la liberté de conscience et de culte, des inconvénients de la contrainte en matière de foi, des dangers que font courir à la liberté des âmes les corps sacerdotaux.

Les cinq premiers chapitres ont pour objet de montrer : 1° que la liberté de conscience est la loi même de la vie morale et du progrès ; 2° que, si l'unité de croyance et de culte a été la base de toutes les sociétés anciennes, tous les progrès moraux et intellectuels ont eu pour résultat de briser cette unité au profit de la liberté de conscience. Les principes posés par Zoroastre, Bouddha, Confucius, par les Prophètes, par Jésus et par saint Paul, s'accordent tous sur un point, c'est qu'il n'est pas de vie religieuse sans liberté, que la parole de salut qui a été donnée aux hommes est une parole de charité, d'affranchissement et d'amour. Jésus et saint Paul sont les vrais fondateurs de la liberté de conscience.

Le chapitre VI répond à cette objection que l'unité de croyance est utile à l'équilibre social. La liberté seule peut produire l'unité réelle des esprits et des cœurs. Deux dangers menacent les consciences : la religion d'État et l'oppression par une caste sacerdotale. L'État nuit à la cause de la religion en reconnaissant les cultes, en leur donnant une existence légale; cela conduit vite à l'athéisme pratique. Mais le danger n'est pas moins grand de la part des castes sacerdotales. Le sacerdoce juif a été la cause de la ruine de la nation juive; la ruine du sacerdoce aristocratique à Rome et la liberté des cultes ont fondé la grandeur romaine. La plus éloquente protestation qui ait été élevée contre le sacerdoce, c'est la protestation des Prophètes juifs, c'est celle surtout du dernier et du plus grand d'entre eux, Jésus. Sa mort est la condamnation des religions d'État (chap. VI-IX).

A partir de ce point le reste de l'ouvrage est un plaidoyer historique en faveur de la séparation de l'Église et de l'État et de l'élection des prêtres par les fidèles. L'auteur reproduit les idées de M. Jean Wallon : c'est un gallican convaincu et militant. Le récit est animé et intéressant, particulièrement dans la période moderne. Il convient de signaler le chap. XXVI, Cahiers des États-généraux de 1789 (143 p.). Le bas-clergé d'après l'auteur est le véritable agent de la Révolution; la Révolution est un mouvement chrétien tout pénétré d'espérance et de foi; l'esprit de Voltaire et des Encyclopédistes est un esprit de négation et de scepticisme qui n'aurait pu agir sur les masses comme a agi « l'enseignement qui tombait de 40 000 chaires chrétiennes ». Cette thèse ne semble pas de tous points conforme à l'histoire, mais elle a pour elle une part de vérité, et elle est soutenue avec une grande vigueur de conviction.

La discussion est toujours bien conduite, dans une forme parfois un peu scolastique et qui sent l'homme d'église. Le style, diffus et souvent incorrect, a une véritable puissance en quelques passages. Le manuscrit 109 est une œuvre intéressante et originale, originale surtout par son accent, mais qui ne répond que très imparfaitement aux conditions du concours.

Mss. 110. — L'humanité, la raison, l'intérêt plaident en faveur de la tolérance. 837 p. pet. in-4°.

Le mémoire se divise en deux parties, qui comprennent chacune trois chapitres : I. De l'esprit de tolérance : ch. I, Les arguments de l'humanité ; ch. II, Les arguments de la raison ; ch. III, Les arguments de l'intérêt. — II. Des moyens d'établir la tolérance dans les institutions et dans les mœurs : ch. I, Application des principes de la tolérance à la politique ; ch. II, Application des principes de la tolérance à la liberté de conscience ; ch. III, Autres moyens de faire entrer la tolérance dans les esprits et dans les mœurs.

L'auteur a pris son sujet d'un point de vue tout à fait général : « Il faut attaquer l'esprit d'intolérance, dit-il, en politique, en philosophie, en art aussi bien qu'en religion ». Il semble que ce soit là la vraie manière d'envisager la question : l'intolérance religieuse n'est qu'une manifestation particulière d'une tournure d'esprit qui a mille autres manières de se manifester. Ce ne sont pas les doctrines qui sont intolérantes, mais les hommes qui professent ces doctrines. Les dogmes changent : on criait hier : Les chrétiens aux lions ! et demain, aujourd'hui même, ce seront des chrétiens qui traîneront au supplice ceux qui n'accepteront pas les formules où les conciles ont enfermé la parole vivante du Maître de la vie. On persécute au nom de la raison et de la justice, on opprime au nom de la liberté, et les oppresseurs sont sincères, et les persécuteurs croient que le sang de leurs victimes féconde la terre, et que du sol où il est tombé naîtra haute et superbe la moisson de justice et de vérité.

Être intolérant, qu'est-ce donc autre chose que de ne pas aimer la pensée d'autrui, que de ne pas sentir avec lui, jouir ses joies et souffrir ses douleurs? C'est à vrai dire une forme épurée de l'égoïsme. L'orgueilleux qui croit que Dieu lui a révélé les secrets de la vie éternelle, et qu'il ne les a révélés qu'à lui, voilà le véritable intolérant; il n'aime pas l'Éternel d'un amour assez humble pour l'adorer dans toutes ses créatures, pour l'adorer en se taisant. Mais cet intolérant-là, on le retrouve partout : dans les musées et dans les salons, dans les réunions publiques et jusque dans sa famille.

On n'est pas nécessairement intolérant parce qu'on est catholique, mais tout corps fortement constitué qui a des traditions d'autorité, un long passé derrière lui, tend à imposer aux hommes ses doctrines et sa volonté, et c'est pour cela que l'Église catholique ne s'ouvre qu'avec effort aux idées de liberté ; elle serait athée, déiste ou agnostique, qu'elle aurait les mêmes tendances tant qu'elle aura la même organisation. Ce n'est pas en récriminant, en attaquant le passé que l'on pourra servir la cause de la tolérance, mais en faisant l'éducation des esprits, en enseignant à se défier de sa propre pensée et à aimer la pensée des autres.

Le mémoire débute par une histoire des persécutions religieuses dans le christianisme; c'est une étude consciencieuse, rapide, qu'on parcourt avec intérêt. L'auteur a lu, il a lu des livres bien faits et il sait se servir de ce qu'il a lu; ce n'est cependant pas un historien de profession. Il s'est assez longuement étendu sur la Terreur; tout ce qu'il dit de la Révolution semble superficiel et partial.

Mais les arguments d'humanité sont pour lui des arguments secondaires; voici quelle est sa thèse centrale : « Toute vérité a deux faces, et les deux « faces, quoique opposées pour l'homme, sont également vraies; si l'une des deux manque, la vérité « est incomplète et par conséquent fausse. Tout « dans l'univers, dans le monde physique et dans le « monde moral, obéit à deux forces qui semblent « tendre à se détruire, mais qui en réalité se réunissent en un système de forces dont la résultante « est la vérité vraie. La connaissance des deux faces « de la vérité constitue la seule science qui puisse « asseoir notre conviction sur une base certaine. » Il considère Montaigne et Bayle comme des précurseurs de cette doctrine et avant eux Pyrrhon. Les véritables adversaires de la tolérance ce sont, d'après lui, les mystiques; on s'entend toujours sur le terrain de la raison. Il cherche à établir la thèse qu'il a posée en montrant l'opposition et la coexistence nécessaires des idées de fini et d'infini, de liberté et de nécessité. Partout on retrouve les mêmes antinomies : le droit s'oppose au devoir, l'égoïsme à l'altruisme, l'ascétisme au confortisme (*sic*). Il y a lutte entre l'idéal divin et l'idéal humain, lutte dans les arts entre l'idéal et le réel.

Le seul système qui puisse permettre de sortir de toutes ces contradictions c'est le syncrétisme : « Le syncrétisme ne fait pas de choix : il accepte « deux vérités qui s'imposent également; c'est la « constatation d'un fait attesté par la conscience et « la raison universelles, c'est un système dans le « sens que la mécanique attribue à ce mot, un sys- « tème de forces antagoniques qui produit le mou- « vement. » Peut-être l'auteur se fait-il ici quelque illusion : il se pourrait faire qu'il y ait des syncrétistes intolérants; il n'est aucune doctrine, si large, si souple qu'elle soit, qui ne puisse devenir un instrument de tyrannie. Les syncrétistes reprocheront aux catholiques, aux déistes, aux musulmans, aux athées, de n'être point syncrétistes, et l'on n'aura qu'un système de plus.

Il n'est pas seulement juste et sensé d'être tolérant, mais c'est aussi l'intérêt le plus assuré de la religion de ne persécuter personne : c'est là un argument sur lequel l'auteur insiste, on sent qu'il le croit inattaquable. Il lui semble prouvé qu'en matière religieuse les persécutions sont impuissantes, cela n'est vrai, hélas ! que des persécutions mal faites. Louis XIV a réussi à détruire le protestantisme en France, et l'œuvre de l'inquisition d'Espagne est une œuvre solide et durable : elle a tué les hérétiques et l'hérésie ; si les idées de libre-examen refleurissent de l'autre côté des Pyrénées, c'est que la semence en a été apportée de notre pays de France.

Ce qui est plus exact, c'est que, si on ne réussit pas à détruire ceux que l'on a persécutés, on engendre des persécutions nouvelles dont on devient soi-même la victime; l'auteur a fort bien étudié cette loi des réactions, et surtout dans la période contemporaine.

Il a bien compris que la vraie solution du problème, c'est l'éducation seule, l'éducation des intelligences et des caractères, qui la peut donner. Ce ne sont pas les hommes d'aujourd'hui, ce sont les enfants que nous élevons qui pourront être ces vrais libéraux, ces amis fidèles de la liberté que nous aspirons à être et que nous ne sommes pas.

Mais il ne faut pas, sous prétexte de libéralisme, laisser le champ libre aux intolérants.., et c'est pour cela que l'auteur est un adversaire très résolu de la séparation de l'Église et de l'État en pays catholique : « Indépendante au point de vue finan-« cier, indépendante au point de vue de la nomi-« nation des évêques et des curés, l'Église ne gar-« derait plus de mesure dans la revendication de ce « qu'elle croit ses droits ». L'État dont il défend les droits, ce n'est pas notre État centralisé et fort; il croit la décentralisation seule capable de fonder un gouvernement stable, seule capable aussi de fonder la liberté. Il s'attaque à la souveraineté du peuple, à notre régime *bureaucratique*. Il éprouve pour la Constitution anglaise une admiration exagérée, et qui ressemble fort à une admiration de convention. « Les débats du parlement anglais, dit-il, sont des modèles de convenance et de calme. »

L'auteur a certes raison lorsqu'il fait des gouvernements parlementaires, des gouvernements de discussion, la condition même de la tolérance ; mais peut-être a-t-il tort de tant se défier des gouvernements centralisés. Il n'est souvent de pire tyran qu'une municipalité de village, et la domination des notables (c'est à cela qu'on peut ramener le self-government) n'a guère été jusqu'ici favorable à la liberté de penser.

Ce manuscrit est un bon mémoire, sagement pensé d'ordinaire et sagement écrit. Les idées sont présentées en un ordre clair et aisé à saisir. Le style, un peu lâché, est toujours correct. Mais ce n'est pas une œuvre vivante : tout le livre est d'un ton uniforme, un peu gris.

Mss. 113. — Errare humanum est. 44 p. in-4°[1].

Le manuscrit 113 est une dissertation écrite en un bon style clair et ferme, mais banal, sans cou-

1. On pourra s'étonner qu'il ne soit consacré que des notices

leur ni mouvement. C'est un sommaire bien plutôt qu'un traité : les questions ne sont qu'indiquées. La forme est insuffisante pour une œuvre aussi courte, qui ne pourrait valoir que par la forme ; mais l'auteur est un esprit sage et qui sait penser. Des œuvres comme la sienne ne sauraient guère servir activement la cause de la liberté de conscience, mais il en est peu qui soient d'aussi heureux présage pour l'avenir. La cause de la tolérance serait une cause gagnée s'il y avait beaucoup d'esprits comme celui-là ; ce sont ces hommes modestes et fermes, libéraux et sensés, qui font la force des doctrines de tolérance et de liberté ; c'est parce qu'elles s'appuyent, dans notre pays de France, sur l'opinion moyenne des gens de bon sens et d'esprit rassis que l'on peut espérer avec confiance qu'elles pénétreront un jour toutes nos habitudes de penser et nos manières de vivre.

Mss. 117. — Veritas liberabit vos. 68 p. In-4° avec un dessin.

On se prend parfois à regretter l'éducation littéraire que nous avons reçue et qui nous empêche de goûter comme il conviendrait des œuvres simples et vivantes, qui nous prennent au cœur, mais que nous ne pouvons nous résigner à louer très haut,

sommaires à quelques-uns des mss. réservés. Ce sont les mss. qui ont été réclamés par leurs auteurs avant l'achèvement du Rapport ; le rapporteur n'a donc pu les avoir sous les yeux, et a dû se contenter des notes prises antérieurement.

tant la forme où elles se sont incarnées est mal venue.

L'auteur du manuscrit fait preuve d'inexpérience à chaque page de son court récit; ses phrases sont gauches, embarrassées, timides si j'ose dire; on dirait qu'il leur en coûte de se montrer. La langue est naïve et presque enfantine, mais sans charme et sans couleur: c'est la langue plate des livres de piété. Et, malgré tout, on se sent pris de respect devant ces quelques pages, écrites avec tout ce qu'un cœur de croyant peut renfermer de foi ardente et humble, de résignation et d'amour. Les corrections seraient aisées à faire, et ce qui est inimitable c'est l'accent de vérité, de souffrance vécue, qui monte comme une plainte, une douce plainte résignée, de ces phrases maladroites et ternes.

On ne peut plus oublier la vieille Bretonne, la fidèle servante de Dieu, qui revient au pays mourir au pied du fossé où s'épanouissent les fleurs d'or des ajoncs, ni son petit-fils, l'enfant doux et pieux, qui s'endort du dernier sommeil, les bras tendus vers Jésus qui l'appelle, tandis que la grand'mère pleure tous ses fils que le Père lui a repris. Ils sont morts dans la grande ville, dévorés par Paris, comme leurs frères de Bretagne par l'Océan.

Mss. 123. — Trahit sua quemque voluptas. 25 p. pet. in-8. — Le curé Nicolas et le maire Birot, dialogue.

Ce qui frappe tout d'abord dans ce court poème, c'est le ton de bonhomie, d'extrême simplicité. On sent que l'on a affaire à de braves gens. Ils ont peut-être l'esprit un peu court, un peu pesant, mais qu'importe? Le curé est intolérant, la liberté l'inquiète, il plaint les âmes qui vont errer sans guide; mais, il a beau enfler la voix, c'est un brave homme qui ne peut faire peur à personne, pas même à son maire; et ce bon maire ne songe cependant qu'à cultiver ses champs en paix sans tourmenter les gens. La langue même, facile, pleine de bonne humeur, un peu plate, ajoute encore à cette impression de sincérité rustique, de cordiale tolérance. Ce ne sont point de grands philosophes que ce maire et ce curé, mais de bonnes gens qui veulent rester de bons amis et dîner l'un chez l'autre sans avoir à craindre de se brouiller au dessert.

Mss. 125. — C'est une loi de notre esprit de ne pouvoir affirmer que ce qui nous paraît certain, ni nier que ce qui nous paraît absurde. Pour ce qui nous paraît simplement probable ou possible, nous ne pouvons ni l'affirmer ni le nier. In-8. 84 p.

En lisant jusqu'au bout ce mémoire, deux choses s'imposent à l'attention : le rare bon sens de l'auteur et sa connaissance personnelle et pratique, sa connaissance vécue des habitudes, des manières de vivre et de penser des gens de la campagne. Ce mémoire n'est pas une compilation, une sorte de spicilegium comme la plupart de ceux que nous avons lus. L'auteur a regardé autour de lui, il a réfléchi sur ce qu'il a vu, et il est venu nous dire ses réflexions simplement, fermement, sans phrases déclamatoires. Voici un passage qui donnera une juste idée de la manière de l'auteur : « On a dit « que la terre où reposent les catholiques ayant été « bénie par un prêtre, les dissidents ne pouvaient y « être enterrés. Eh ! mon Dieu ! quand ils reposeraient côte à côte près des catholiques, ils ne les « empêcheraient pas de dormir leur éternel som-« meil. Et si c'est là la seule raison, il y a moyen « de tout concilier. Au lieu de bénir le cimetière « en général, qu'on bénisse chaque fosse en parti-« culier, puisqu'il faut absolument que les catho-« liques reposent en terre bénite ! D'ailleurs j'ai vu « dans certaines processions le clergé bénir les puits, « et il n'est jamais venu à l'esprit de personne d'em-« pêcher les protestants ou les juifs d'y puiser l'eau « dont ils ont besoin. » C'est partout la même ton sensé et ferme, modéré et net ; il faut signaler particulièrement le chapitre sur les manifestations extérieures du culte, le chapitre sur la liberté de conscience dans l'école.

L'auteur montre combien la loi qui a mis l'instruction religieuse tout entière entre les mains du curé et n'a plus permis à l'instituteur d'enseigner le catéchisme est une loi juste et raisonnable, mais il voudrait qu'on ne l'appliquât pas avec la rigueur taquine qu'on a trop souvent montrée ; il voudrait que le curé pût donner l'instruction religieuse dans les salles de l'école aux heures où il n'y a pas classe, il voudrait que l'on n'enlevât pas les crucifix, que si les parents le désirent, on continuât à faire la prière, prière très simple au reste, prière « non confessionnelle ».

Mais tout le mémoire est un peu superficiel ; l'auteur ne va guère au fond des questions, il ne recherche pas quelles sont les causes profondes de l'intolérance, il dit l'essentiel, mais il n'insiste pas, il donne peu d'arguments à l'appui des opinions qu'il professe. Le style n'a pas de relief ; rien qui frappe, rien qui retienne dans cette langue honnête, mais sans vigueur. C'est un mémoire un peu maigre, où il n'y a rien à reprendre, mais trop peu à louer.

Mss. 132. — Spiritus flat ubi vult. 288 p. in-4°.
La Conscience.

Si c'est bien la cause de la tolérance que l'auteur a voulu plaider, il faut reconnaître que son plaidoyer est éloquent, et on ne saurait vraiment lui reprocher beaucoup de s'être rendu la tâche un peu trop facile en faisant de son intolérant un homme que personne ne saurait supporter, mais il n'est pas très sûr que ce soit bien là sa thèse. Il semble bien qu'il y ait derrière l'apôtre de la tolérance un discret apologiste de la religion catholique, et que cet apologiste ait fabriqué tout exprès un athée à sa convenance pour montrer par un frappant exemple que les athées sont des gens avec qui l'on ne saurait vivre. Il a fait de son athée un honnête homme, mais un honnête homme à fuir au bout du monde, un honnête homme capable de vous faire prendre en haine la vertu.

Qu'on en juge plutôt : « Paul, tout en l'aimant « beaucoup, semblait de jour en jour devenir plus « entier, plus dur et plus despotique ; il n'y mettait « aucune méchanceté, mais il était convaincu que « tout ce qu'il décidait était nécessairement par- « fait, et la pauvre Henriette, même dans les détails « les moins du ressort d'un homme, n'avait pas le « droit d'exprimer une volonté. Sur toutes questions « il avait ses théories faites, des théories appuyées « de raisonnements magistraux et d'observations « scientifiques ; sur l'hygiène, sur la cuisine, sur la « table, sur l'éducation de l'enfant commencée avant « sa première année écoulée, sur l'heure d'ouvrir « les fenêtres, la quantité de pain à manger, le choix « des aliments, le degré de cuisson des viandes ; sur « l'époussetage et le non époussetage des meubles, « les étoffes à choisir pour les vêtements, le nom- « bre des kilomètres à faire à pied chaque jour, la « manière de soigner les rhumes, la résistance à « opposer aux pleurs du bébé. » Et ailleurs : « J'ai « eu toutes les peines du monde à le faire entrer « dans la mosquée du sultan Achmet, une mosquée « splendide. Il avait consenti à Sainte-Sophie, mais « il trouvait que cela suffisait, qu'il ne fallait pas en- « courager davantage des superstitions honteuses ; « au dernier moment même les deux medjidiés qu'il « a fallu donner à l'espèce de sacristain, chargé de

« garder ce sanctuaire ont failli l'arrêter; il est « pourtant généreux, mais c'est plus fort que lui, « tout ce qui ressemble à un prêtre lui est odieux. »

Notez que cet insupportable pédant, qui semble cousin germain du pharmacien Homais, est un esprit tordu: il trouve que dans les mathématiques on fait la part trop belle à l'imagination, il en veut à l'algèbre supérieure et à la géométrie nouvelle, et le seul mot « d'imaginaires » le choque et l'irrite. En quête de science rigoureuse, il se met à étudier le droit, mais sa fureur se tourne contre la jurisprudence. Il devient sous-préfet; il administre sans tenir compte ni des circonstances, ni des hommes, ni de rien au monde : il révoque un instituteur parce qu'il chante au lutrin, et il s'en vante. C'est un fanatique et un fanatique maladroit, un fanatique borné, un homme que tout le monde a rencontré dans les réunions publiques, huant les prêtres ou la République; mais ce fanatique s'est préparé à l'école Polytechnique et il est devenu chef de bureau dans un ministère. Il est plus autoritaire, plus doctoral et plus mesquinement tâtillon que ses congénères en blouse, mais il est bien de la même famille.

Comment pourrait-on de bonne foi s'étonner qu'un pareil homme rende sa femme malheureuse et devienne un tyran domestique! Il est destiné à assassiner de sa vertu tous ceux avec qui il vivra, et, catholique ou sceptique, il resterait un objet d'effroi pour ceux que leur mauvaise étoile condamnerait à partager sa vie. Je sais bien que, lorsque sa femme est à la veille de mourir, alors qu'elle ne respire plus qu'à peine, il devient tolérant, il devient humain, il devient tout ce qu'il est fort incapable d'être, et, prodige qui semble un coup de la grâce divine, sa femme est morte depuis un mois qu'il fait célébrer pour elle un solennel service en son église paroissiale. Et Dieu n'y est pour rien à le bien prendre : Paul Bontemps n'est pas converti, il parle de suicide. J'avoue que je crois peu à son suicide, ces gens-là vivent longtemps, pour le malheur des autres, et bien moins encore à sa tolérance de fraîche date. Devînt-il catholique, il n'en serait pas pour cela plus agréable à vivre; peu s'en faut qu'il ne traite son ami, l'abbé de Lartet, de mauvais chrétien et d'homme de peu de foi, et tout cela parce que l'abbé n'est pas possédé de ce même zèle effréné de propagande qui le tient tout entier.

Il faut avouer que l'abbé de Lartet s'en remet à la Providence un peu plus que ne ferait un homme qui croirait de toute son âme à la vérité. Mais l'ami de cet athée, vraiment trop simple, si simple que l'on n'est pas très certain qu'il ait jamais vécu, même tout là-bas dans cette île de Méthymnos où il est allé défendre, au nom de la France, les intérêts du catholicisme, cet ami, dis-je, a une âme fort compliquée. Il n'était pas prêtre lorsque Paul Bontemps l'a connu et s'est lié avec lui, et cela excuse cette amitié, cette trahison pourrait-on dire; il était religieux, mais il raillait tour à tour toutes les religions; il était catholique, mais professait dans les salons un cours de scepticisme aimable à l'usage des femmes du monde; c'était surtout un homme qui s'ennuyait, et qui, n'ayant pas à gagner son pain, trouvait les journées trop longues.

Le malheur avait voulu qu'il s'éprît de Mlle Henriette Ravinel à l'heure même où, entraînée par un élan d'amour, elle épousait, malgré son père, son cousin Paul Bontemps. Il ne s'est pas consolé, il est allé demander l'oubli à la chasse au tigre dans les forêts de l'Inde, aux longues courses à travers les neiges éternelles du Pamir; l'oubli, le repos, il ne les a trouvés qu'au séminaire, mais on n'est pas très sûr qu'il ait dépouillé le vieil homme, on n'est même pas très sûr qu'il ait rien oublié.

Mlle Ravinel est une jeune fille romanesque; très pieuse, élevée par un père clérical, qui a donné sa démission lors des décrets de mars, et qui se venge à coups de sécateur sur ses rosiers, elle se brouille avec lui, elle rejette loin d'elle toute sa vie passée, elle oublie ses longs agenouillements devant la Vierge et son ardent désir d'entrer au couvent, et tout cela, parce qu'elle se prend d'amour pour son cousin; elle ne vit que de ses regards, c'est par lui qu'elle souffre, c'est lui qui donne à son cœur toutes ses joies. Relations, préjugés du monde, habitudes, croyances, tout est brisé, tout a disparu, tout a été englouti sous ce flot montant d'amour.

Mais elle croit à Dieu malgré tout, et elle ne veut pas se contenter du mariage civil; pour tout concilier, cette catholique et cet athée se marient au temple; protestantisme, déisme, Mlle Ravinel n'y regarde pas de si près.

Elle part pour Constantinople avec son mari : « Ils étaient allés là-bas tout d'une traite, c'était « elle qui l'avait exigé... Ils avaient traversé l'Eu- « rope sans la voir, sans la soupçonner, et ce qu'elle « ne disait pas, mais qu'on devinait, sans penser à « autre chose, elle et son mari, qu'à se rapprocher « plus près l'un de l'autre, se serrer bien fort la « main, se regarder dans les yeux. Ce trajet de « douze cents lieues, la trépidation incessante, le « halètement de la locomotive, la fatigue, le manque « de sommeil, à la fin une sorte de langueur s'em- « parait d'eux, leur tête se vidait de tout ce qu'elle « avait contenu jusque-là; souvenirs, craintes, re- « grets, tout s'effaçait de leur mémoire; c'était « comme le déroulement délicieux d'un rêve où « ils se seraient toujours connus, toujours aimés, « et dont ils se réveillaient en gare de Constanti- « nople, transportés féeriquement dans un monde « nouveau, dans une ville magique où ils n'avaient « plus pendant de longs jours qu'à se laisser glisser « doucement en caïque sur l'eau tranquille du Bos- « phore, à admirer le soleil couchant et à vivre l'un « près de l'autre jusqu'à ne plus faire qu'un de leurs « deux cœurs, de leurs deux esprits confondus. » Il fallait ce coup de passion pour qu'ils réussissent à s'entendre.

Dès qu'ils sont de retour à Paris, le mari est repris par sa vie d'autrefois, par sa vie de travail, par toutes les affaires politiques où il est engagé; la femme, cette créature faite d'amour et de tendresse, s'agite et s'énerve; son mari la délaisse, ses amies se tiennent à distance, elle est seule, bien seule; elle n'ose plus parler à Dieu, elle sent qu'il est irrité contre elle, qu'il ne lui pardonne pas son infidélité. Elle essaye de se faire une amie; mais bientôt cette amie prend un amant, se lance dans une vie de plaisirs et de désordres qui scandalise Henriette et la rejette plus profondément dans la solitude où elle s'est enfermée. Elle devient enceinte, et l'idée que sa mère est morte en couches l'obsède; elle n'a personne autour d'elle, personne sur qui s'appuyer que son mari, qui l'aime honnêtement, fidèlement, mais avec cette maladresse, cette lourdeur qu'il apporte partout. « Tout doucement, son « angoisse appelant un secours du ciel, elle sentait « renaître en son cœur la foi de son enfance. Elle « eût voulu aller prier dans cette chapelle de la « Vierge où jeune fille elle avait passé tant d'heures « bénies; il lui semblait que la Mère de Dieu aurait « pris sous sa protection son enfant; elle n'osait « pas, elle se rappelait la promesse faite à son mari, « elle était résolue à ne pas y manquer.....

« En ce trouble de conscience, une idée lui vint, « plutôt de superstition que de religion, l'idée d'un « vœu offert à la Vierge pour son salut et celui de la « fillette espérée. » Peu à peu sa piété d'autrefois la reprend et l'envahit tout entière, mais elle n'ose cependant demander à Paul de faire baptiser l'enfant qui lui est née. Et c'est alors une lutte cruelle qui se livre dans son cœur entre son amour pour son mari et son amour pour sa fille ; elle est prise d'angoisse quand elle songe qu'il faudra élever cette enfant sans lui parler de Dieu ; elle ne sait comment elle pourra faire de cette fillette qui dort dans son berceau une honnête femme si elle écarte de ce berceau les anges aux blanches ailes qui ont entouré le sien. Elle finit par tout dire à Paul, mais voici ce qu'il lui répond : « Les autres, les étrangers, « sont libres d'avoir les croyances qu'ils veulent ; « je ne suis pas un inquisiteur pour les catéchiser « par la torture, mais je n'admettrai jamais que « ceux qui me tiennent de près, ceux sur lesquels « j'ai une autorité quelconque, tombent dans l'absurdité de ces ridicules superstitions. »

La lutte est engagée entre le mari et la femme, lutte sourde, lutte silencieuse, lutte qui ne peut finir. Henriette fait en cachette baptiser sa fille, elle se remet à fréquenter l'église ; elle y va à la tombée du jour, à l'heure mystérieuse où les ombres du soir enveloppent de leur voile sacré les rayons d'or des lampes ; elle se berce au chant majestueux des belles hymnes latines ; toute son enfance, toute sa prime jeunesse passée aux pieds de Marie revit en elle, puissante et douce.

Puis brusquement son enfant meurt, son mari impose brutalement l'enterrement civil, elle résiste : « Paul, tu as tous les droits sur moi ; je t'ai juré

« obéissance et fidélité, je n'ai jamais manqué à « mon serment, je t'ai aimé de toutes mes forces et « de tout mon cœur; mais prends garde : il y a une « puissance que tu ne soupçonnes pas, que tu mé- « prises et qui est plus forte que l'amour, que « l'obéissance, que l'honneur humain, que tout, « c'est la conscience. Ne te heurte pas à elle, elle « t'emporterait. » Il passe outre, mais il a fait au cœur de sa femme une blessure profonde et secrète qui va sans cesse se creusant : ce pauvre cœur meurtri et sanglant se réfugie dans l'infinie douceur de l'amour du Christ. Mais Paul s'aperçoit qu'elle va maintenant à la messe; il s'irrite, s'indigne, se désole; son caractère devient plus rude encore qu'autrefois, et les larmes de sa femme, la résignation de sa tristesse, ne font qu'augmenter sa colère.

Le ministère radical tombe, Paul est obligé de quitter sa place; la santé d'Henriette s'altère, leur vie à tous deux s'assombrit. Le caractère entier et intolérant de Paul le fait redouter de ses amis : c'est un ami gênant autant qu'un adversaire dangereux. On lui offre le poste de vice-consul à Methymnos, il accepte.

Et c'est là bas, au milieu des flots murmurants de la mer Egée, sous la rayonnante splendeur du soleil d'Orient, que se déroulent les dernières scènes du roman. Henriette meurt lentement de la poitrine, malgré la joie infinie qui s'exhale des touffes roses des asphodèles et des myrtes à l'éternel feuillage. Elle meurt, enivrée d'un renouveau d'amour, sur ce rocher de marbre, où brillent comme des gemmes d'innombrables anémones. Paul lui amène lui-même un prêtre, il s'agenouille près d'elle, et récite des lèvres la prière, où elle met toute son âme, toute sa petite âme, si tendre, si douce, qui s'enfuit joyeuse comme un oiseau chanteur.

Il y a dans tout ce livre une véritable puissance d'émotion et un instinct très réel du style; il ne faudrait qu'enlever quelques taches, alléger quelques phrases, couper quelques longueurs, pour en faire une œuvre digne d'une récompense élevée. Malheureusement le caractère de l'abbé de Lartet tient trop de place; il est artificiel et compliqué, d'une complication voulue, fort différente de la complexité vivante des hommes qui sentent, qui aiment et qui souffrent. Les dialogues sont interminables, tout semés de longues dissertations gauchement conduites et solennellement écrites. Il conviendrait, semble-t-il, de réduire ce roman aux proportions d'une nouvelle.

Mss. 138. — C'est ici un livre de bonne foy. Dieu, Patrie et Liberté. In-8. 266 p.
Accord de la religion et de la liberté.

Ce mémoire est l'œuvre d'un catholique croyant et pratiquant, mais d'un catholique libéral, qui repousse avec énergie le « *Compelle intrare* » et tous les procédés violents de propagande religieuse. Il s'est surtout attaché à prouver que l'on peut être catholique et défendre la cause de la liberté de conscience.

Il divise en deux classes les adversaires de la liberté de conscience : 1° les partisans de l'irréligion d'État ; 2° les partisans de la religion d'État. La seule solution raisonnable de la question religieuse, c'est, à ses yeux, la liberté civile des consciences consacrée dans l'État par la liberté juridique et constitutionnelle des cultes. « La liberté religieuse « dans l'État, c'est-à-dire dans la société civile et « politique, est de droit naturel et par conséquent de « droit divin. » Il va même plus loin, il veut faire de la liberté religieuse un dogme catholique : « La « doctrine catholique enseigne qu'au jugement de « Dieu nul ne sera confondu pour s'être trompé, « mais pour s'être révolté ». L'Évangile n'admet pas la tolérance égalitaire, qui confond en principe le vrai et le faux et qui n'est autre chose qu'un scepticisme déguisé ; mais la tolérance envers les personnes doit toujours s'allier au zèle contre les erreurs.

Toute l'œuvre de Jésus, c'est la prédication vivante de la tolérance, de la liberté ; Jésus, c'est le messager de paix, le messager de miséricorde : « Soyez comme des agneaux au milieu des loups », a-t-il dit à ses disciples. Et les apôtres, et les apologistes, et les Pères, ont porté partout la parole du divin Maître, la parole de mansuétude et de pardon, la Bonne Nouvelle. C'est une nouveauté dans l'Église, une hérésie condamnée par les saints évêques de Tours et de Milan, Martin et Ambroise, condamnée par le pape saint Sirice, condamnée par le Concile de Turin de 397, que d'employer à la conversion des âmes des moyens sanglants. « Tous les « inquisiteurs et bourreaux du moyen âge, persécu- « teurs des hérétiques, étaient donc eux-mêmes des « hérétiques déclarés et reconnus, des hérétiques « ithaciens, condamnés d'avance par la doctrine « traditionnelle de l'Église. » Il faut être doux et charitable pour ses frères ou renoncer au nom de chrétien.

Les seules armes dont l'Église puisse faire usage, ce sont les armes spirituelles; elle ne doit pas invoquer l'appui de l'État. Les diverses fonctions qui ressortissent à la puissance de l'État ont un double objet : la justice et l'ordre public; c'est à cela que se bornent ses attributions essentielles. S'il sort de ce domaine, il excède les limites de son pouvoir, il outrepasse sa mission directe et immédiate. « Les opinions sont légalement libres, non « parce qu'elles sont toutes douteuses, non parce « que le discernement du vrai et du faux n'est pas « donné à l'homme, mais parce que ce discerne- « ment n'appartient pas proprement à la loi civile. « La loi règle l'exercice de la liberté, non celui de « l'intelligence, les actions, non les croyances. » « Devant l'État, il n'y a point de religion ni de véri- « tés; ce sont là des entités métaphysiques qui ne « peuvent avoir droit à des privilèges légaux; mais « il y a en chair et en os des individus, des hommes,

« des citoyens, à qui justice est due sans acception « de culte ni de caractère religieux. »

Le moyen âge est infidèle, d'après l'auteur, à la doctrine de l'Évangile et des Pères; les papes en effet et les conciles ordonnent la persécution des hérétiques, et l'Inquisition l'exerce avec une violence atroce. Beaucoup de détails historiques, de citations des Pères, puis une analyse un peu longue peut-être des révélations de Llorente sur l'Inquisition.

Un renouveau s'est produit dans la vie sociale des peuples, la sainte liberté des âmes a ressuscité; la Révolution française de 1789 a délivré le monde du fardeau d'iniquités qui l'écrasait; l'œuvre qu'elle a faite est une œuvre chrétienne d'affranchissement et de justice. C'est un droit nouveau que proclame la Déclaration des droits de l'homme, un droit aussi ancien que le monde, mais un droit nouveau cependant, comme était nouveau le précepte éternel que proclamait le Sauveur des hommes, l'éternel commandement d'amour et de charité.

L'auteur défend hardiment l'œuvre libératrice de 1789 contre les attaques de l'Encyclique *Immortale Dei*. Il se donne beaucoup de peine pour concilier son libéralisme et ses croyances religieuses; il invoque beaucoup d'autorités, multiplie avec trop d'abondance peut-être les citations empruntées aux hommes d'État et aux publicistes contemporains, aux prélats les plus distingués, aux poètes même. Le pape Léon XIII, l'auteur de l'Encyclique *Im-*

mortàle Dei, est appelé à son tour en témoignage : c'est qu'il a déclaré l'admiration qu'il éprouvait pour la Constitution des États-Unis, « pour cette sage Constitution, qui proclame hautement la liberté des consciences, des cultes et des âmes ». Il serait digne de son intelligence large et élevée « d'être dans « l'histoire ce grand pontife rempli de l'esprit de « Dieu et agréable à son cœur, ce pontife annoncé « par l'Écriture qui aux jours de haine et de dis- « corde aura su se faire l'homme de réconciliation « et d'alliance ».

Il est à craindre que l'auteur ne se fasse quelques illusions et que la réconciliation entre l'Église et la société civile ne soit moins facile qu'il ne pense ; la tolérance, l'amour, la charité, ce sont bien là les paroles divines que le Maître a prêchées au bord des lacs de Galilée ; mais l'Église n'a pas longtemps respecté cette liberté sacrée des âmes, cette liberté des enfants de Dieu que l'apôtre Paul est venu annoncer au monde ; elle a courbé sous son joug pesant des générations entières, et, si elle a prodigué ses bienfaits aux nations, elle les leur a fait payer chèrement. Ce joug, elle n'est pas disposée encore sans doute à le rendre léger, le *Syllabus* date d'hier; on l'a oublié, on ne le lit plus, mais ses doctrines ont pénétré dans les esprits et dans les cœurs. L'œuvre sera longue d'infuser à la vieille Église romaine cet esprit de jeune et vivante liberté qui possède tout entier l'auteur du mémoire.

Il n'est pas partisan de la séparation de l'Église

et de l'État à l'heure présente. Le vœu de l'Église est contraire à la séparation; la majorité du peuple français demande le maintien du Concordat; il convient donc d'écarter pour le moment toute idée de séparation. L'État et l'Église ne peuvent se séparer que s'ils sont bien décidés, une fois séparés, à vivre en une cordiale entente; jusqu'à ce que la réconciliation soit complète entre le catholicisme et la société laïque, il vaut mieux vivre sous le régime du Concordat, mais à la condition que des deux parts le traité soit loyalement observé, à la condition qu'il soit observé par l'Église comme par l'État.

Peut-être dans ce mémoire les questions pratiques, celles de l'éducation par exemple, ne sont-elles point assez amplement traitées. Le style est un peu lâche, un peu diffus, d'une élégance parfois un peu banale; le ton, souvent monotone, rappelle celui du sermon et du mandement. Mais il y a parfois des trouvailles heureuses, et c'est malgré tout un livre très vivant, tout frémissant de la passion de la justice et de la liberté, une œuvre sincère, où l'on sent vivre une âme de vérité.

Mss. 139. — Les Églises libres dans l'État libre. 642 p. in-8.

Le manuscrit 139 se divise en trois parties : I. La liberté de conscience jusqu'à la Révolution française; II. La liberté de conscience depuis la Révolution française jusqu'à nos jours; III. Nécessité d'établir de plus en plus la liberté de conscience : 1° dans les mœurs; 2° dans les institutions. — Moyens d'y parvenir.

L'auteur est un déiste ardent et convaincu, et il est aussi passionnément attaché à la foi philosophique et rationnelle qu'il professe qu'à la liberté. Il a si peu d'hostilité contre la religion chrétienne, il parle avec tant de respect de ses doctrines et de ses ministres, qu'on en est à se demander si lui-même n'est pas chrétien, chrétien à la manière des quakers ou des unitaires anglais. Il est telle de ses phrases qui semble sortir de la plume d'un pasteur de quelqu'une des sectes à demi rationalistes, à demi mystiques, qui se sont détachées du calvinisme presbytérien; celle-ci par exemple : « C'est « par le respect absolu de la liberté de conscience « que l'on peut parvenir à réaliser la fraternité « des hommes sous la paternité de Dieu ».

Républicain très sincère, il ne peut pardonner à la République sa politique religieuse, qui lui semble, à bien des points de vue, une politique d'intolérance. Il lui reproche de se battre contre des fantômes, il ne croit pas au péril clérical : « Ils ne veulent pas « que les prêtres gouvernent : quand les prêtres « ont-ils gouverné? Sous la Restauration? mais ils « ont eu lieu de le regretter, et, s'ils recommençaient leurs tentatives, nous avons toutes les lois « nécessaires pour les empêcher. On combat le « prêtre de peur qu'il ne soit clérical et le philosophe « spiritualiste de peur qu'il ne ramène le prêtre. La

« guerre aux cléricaux conduit à la guerre au « prêtre, puis à la persécution des croyants et des « croyances, et en trois pas à l'athéisme. » Encore ces trois pas faut-il les faire, et l'on ne peut guère soutenir qu'empêcher le clergé de s'emparer du gouvernement civil et nier Dieu ce soient choses de même ordre, ni que l'une doive nécessairement conduire à l'autre.

Mais l'auteur perd un peu de son sang-froid et de son impartialité quand il songe aux athées; il voit des athées partout et n'est pas enclin à beaucoup de tolérance à leur égard. Le matérialiste, l'athée, ce sont pour lui des ennemis personnels et qu'il malmène fort à l'occasion; il semblerait que leur liberté soit moins respectable que celle des croyants. Certes, tous les libéraux applaudiront lorsqu'il viendra leur dire : « Nous ne voulons pas qu'on nous impose une foi, une doctrine, nous voulons encore moins qu'on nous impose une négation ». Mais cette négation-là, on ne songe guère à l'imposer par la force, et si bien souvent les hommes des partis avancés ne montrent pas dans leurs rapports avec l'Église tout le libéralisme, toute la conciliante bonne volonté qu'il faudrait, ils n'ont guère songé jusqu'à présent à persécuter les déistes. Il y a bien eu de ci, de là, quelques mesures mesquines, quelques taquineries ridicules; on a effacé le nom de Dieu de livres où il aurait dû rester; mais il n'y a pas en France de courant général qui porte vers l'athéisme. Puis il serait sage, il serait habile, de la part de ceux qui luttent pour la liberté, de demander la liberté pour tous, même pour les athées.

L'auteur a eu le grand mérite de voir que la question de la liberté de conscience n'est pas une question close : « On a cru longtemps que les con-« quêtes de la Révolution étaient définitives. L'his-« toire de ces dernières années prouve que la ques-« tion de la liberté de conscience est une de ces « questions toujours pendantes, qui ne passionnent « peut-être pas le public, mais qui n'ont besoin que « d'être ravivées par un événement. Le refus de « sépulture n'émeut plus guère la foule, parce que « l'on comprend que l'Église ne doit rien aux in-« crédules et que les incrédules n'ont aucun be-« soin de l'Église, soit avant, soit après leur mort ; « la confession religieuse n'ôte ou ne confère au-« cun avantage ; on a beau être catholique, libre-« penseur, protestant ou juif, on n'en est pas moins « Français, avec tous les droits attachés à la qualité « de citoyen français ; on peut élever partout une « église, un temple ou une synagogue. Tout cela « explique nos dédains pour les questions reli-« gieuses, mais ne les justifie pas, car, si on y regarde « de près, on voit bien vite ce qui manque à cette « liberté de conscience que l'on croit si complète. « L'État, malgré son incompétence en matière reli-« gieuse, possède le droit d'autoriser une religion, et « toute religion autorisée ne peut, sans autorisation « nouvelle, fonder une congrégation ni ouvrir un

« temple ; non seulement l'État autorise une religion, « mais il la protège ; non seulement il la protège, « mais il la salarie, et il va jusqu'à choisir pour elle « ses pasteurs. L'Église catholique a consenti elle-« même à ce joug humiliant ; elle est allée au de-« vant de la servitude, et elle s'indigne aujourd'hui « contre ceux qui parlent de l'en affranchir. Dans cet « état de choses, les bulles du pape et les décisions « des conciles sont examinées en conseil d'État, et « le ministre des cultes, qui peut être protestant, « juif ou libre-penseur, nomme directement les « évêques. » Il ne faut pas croire cependant que l'auteur, tout partisan qu'il soit en principe de la séparation de l'Église et de l'État, demande l'abrogation du Concordat ; il souhaite qu'un jour vienne où puisse se réaliser la conception qu'il tient pour la meilleure : les Églises libres dans l'État libre ; mais il sait qu'à l'heure actuelle la séparation serait une mesure de combat, et il n'est pas tellement entêté de ses idées qu'il ne soit capable de renoncer momentanément à les voir appliquer.

Les deux premières parties du mémoire forment une histoire de la liberté de penser et de croire depuis l'antiquité jusqu'à nos jours. La première partie, qui va jusqu'en 1789, est de beaucoup la moins bonne. L'auteur a lu sans doute, mais il n'a pas toujours eu la main très heureuse dans le choix des livres ; son érudition n'est pas une érudition de bon aloi, elle n'est pas toujours très sûre, et il est aisé de relever plus d'une erreur au courant des pages. On trouve en marge des annotations qui révèlent une singulière inexpérience et qui font hésiter sur le caractère du livre; est-ce une œuvre scientifique? est-ce un livre élémentaire? on ne sait. On lit par exemple en note à la page 40 : « Max Müller, savant allemand contemporain qui a écrit sur la science des religions »; p. 45 : « Leibnitz (1646-1716) est avec Kant le plus grand philosophe de l'Allemagne, auteur de la Théodicée ».

Sur l'origine commune des religions, sur la religion naturelle, sur les religions de l'Inde, l'auteur en est resté à des théories vieillies, abandonnées de tous; ce qu'il dit des Cabires est bien étrange, c'est du Schelling mal interprété et mal compris. Tout ce qui concerne la Judée est rempli d'erreurs. L'auteur ne semble rien savoir de la critique biblique : la manière dont il parle des Pharisiens, des Sadducéens, des Esséniens, est faite pour surprendre tous ceux qui connaissent si peu que ce soit l'histoire du judaïsme. Il ne semble pas que l'auteur soit beaucoup mieux sur son terrain en Grèce qu'en Orient. La lutte qu'il a imaginée entre les philosophes et les prêtres n'a guère laissé de traces dans l'histoire; il se trompe sur Thalès, sur Phérécyde, sur Anaxagore; il mêle les écoles, il parle de Socrate en homme qui n'a lu ni les Dialogues ni les Mémorables, de Platon plus médiocrement encore. On dirait parfois qu'il a puisé toute sa connaissance de l'antiquité grecque dans quelque manuel de second ordre et vieux de

150 ans. Il semble qu'il vaudrait mieux, si ce manuscrit doit être publié, que l'auteur se résigne à un sacrifice nécessaire et fasse résolument disparaître toutes ces premières pages ; elles peuvent faire mal juger de l'ensemble de l'œuvre, et entraîner un lecteur impatient à se former de ce livre, où il y a tant d'efforts et de travail, l'idée la plus injuste et la plus fausse.

L'auteur est mieux renseigné sur les premiers temps du christianisme ; il y a cependant de loin en loin quelque affirmation risquée, celle-ci par exemple : « Les premiers chrétiens étaient tout disposés à accomplir leurs devoirs de citoyens romains ». Ces sentiments pacifiques des chrétiens du premier siècle à l'égard de Rome étonneraient un peu ceux qui ont lu l'Apocalypse. Aucune référence : on ne sait où l'auteur a puisé ce qu'il raconte, sur quelles autorités il s'appuie. La forme elle aussi laisse parfois à désirer : (p. 87) « L'esprit humain se trouvait justement fatigué des absurdités incohérentes du paganisme : le moment psychologique était venu de lui offrir un système nouveau, dont Platon avait proclamé la nécessité » ; (p. 80) : « L'école d'Alexandrie..... était *surtout* remarquable par le génie de ses penseurs, par la richesse éblouissante de ses doctrines, par son rôle, son influence, sa durée ».

L'histoire de la théocratie catholique et du rôle de la papauté au moyen âge est très superficielle, et souvent elle est inexacte ; l'auteur est certainement mal renseigné, mais il a évité les grosses erreurs, les erreurs voyantes des premiers chapitres.

A mesure que l'on s'approche des temps modernes. le livre devient meilleur; l'auteur parle de la Réforme en bons termes, mais il s'est laissé entraîner à écrire quelques phrases malheureuses : « Henri II, le farouche amant de Diane de Poitiers » (p. 125). « Toutes les mesures prises pour extirper « ou prévenir l'hérésie ont évidemment dressé des « embûches à la vie de la pensée et par conséquent « à la vie littéraire ou artistique. » « Je cherche en vain dans les guerres de religion... ce fonds de vieille gaieté française... » (p. 181). Pour les guerres de religion et Henri IV, l'auteur s'est servi de meilleurs manuels, il comprend l'esprit de ce temps-là. Son chapitre sur Louis XIV est bon.

Il se trompe sur le rôle de Fénelon; il ignore que Duvergier de Hauranne et l'abbé de Saint-Cyran ne sont qu'un seul et même personnage; il parle de la morale élastique des jésuites, « qu'on a pu leur reprocher, mais qui n'en restera pas moins le trait le plus profond de leur politique »; il appelle Pascal « un solitaire au front vaste » ; mais ce sont des taches légères et auxquelles il ne faut pas attacher plus d'importance qu'il ne convient.

Il ne connait pas aussi bien qu'il faudrait la philosophie du XVIIIe siècle; c'est, nous semble-t-il, une étrange classification que celle-ci : « A côté des philosophes orgueilleux, frondeurs, amis des princes, souriant aux ruines qu'ils préparaient, on distingue encore les philosophes malades de leurs doutes, puis les penseurs religieux et les rêveurs farouches, puis enfin les tribuns atteints d'une mélancolie suprême ». Cela gagnerait en clarté à être dit plus simplement. Il ne dit de Locke qu'un mot en passant : ce n'est point assez pour l'auteur des Lettres sur la tolérance, il prête à Spinoza une doctrine qu'il n'a pas professée, et il semblerait, à la façon dont il parle de Richard Simon, que R. Simon n'ait rien publié (page 202). On est en droit d'être sévère pour toute cette première partie du mémoire, précisément parce que l'on peut exiger beaucoup de l'homme qui a écrit la seconde et la troisième.

La seconde partie est une étude historique des rapports des Églises et de l'État depuis 1789 jusqu'à la troisième République ; c'est surtout l'histoire du clergé patriote et du rétablissement du culte catholique en France sous le Directoire. On connaît les opinions de l'auteur, ce sont celles mêmes qu'il a exprimées dans l'épigraphe de son mémoire ; il cherche à démontrer par des faits que ses souhaits ne sont pas des souhaits chimériques, qu'ils ont même été à la veille de se réaliser, et que, sans le Concordat, nous jouirions aujourd'hui de la paix et de la liberté religieuses. Que la thèse soit démontrée, que l'Église catholique puisse se contenter du droit commun et n'aspirer pas à la domination dans un pays où elle est d'institution ancienne et où ses traditions sont des traditions de domination sur la société civile, que l'Église nationale si elle avait duré eut pu réussir à empêcher la réaction cléricale qui s'est manifestée par la loi du sacrilège, par les missions prêchées en France, etc., c'est ce qui demeure bien douteux; mais la thèse est soutenue par de bons arguments; l'auteur, cette fois, a été aux sources, il a lu les documents qu'il fallait lire, il les a bien interprétés, bien compris, et il a réussi à écrire, après M. Gazier et M. de Pressensé, une histoire intéressante de la vie religieuse en France pendant la période révolutionnaire. La Constitution civile du clergé est bien étudiée, mais les chapitres de beaucoup les meilleurs à notre sens et les plus utiles sont ceux que l'auteur a consacrés à la politique religieuse de la Convention après le 9 thermidor et à celle du Directoire. Tout ce qui concerne le Concordat, les articles organiques, la formation du parti « prêtre » sous la Restauration, est nettement exposé.

Dans l'ensemble, ce résumé de l'histoire extérieure de l'Église pendant les cent dernières années pourra rendre des services, il sera commode d'avoir ainsi réunis en un petit nombre de pages des renseignements qu'il faut aller chercher un peu partout. Mais, à coup sûr, ce qui a attiré sur ce manuscrit l'attention de la commission, c'est la troisième partie : les questions pratiques n'ont été dans aucun autre mémoire aussi largement traitées.

Voici quelle est la méthode qu'a suivie l'auteur : « Un ouvrage de la nature de celui-ci contient na-

« turellement une histoire et une doctrine : l'his-
« toire de l'intolérance et la doctrine philosophique
« de la liberté. Nous aurions donc pu le diviser en
« deux parties essentiellement distinctes ; mais,
« dans l'intérêt de la cause que nous voulons ser-
« vir, et pour que notre ouvrage reste accessible
« à un large public, nous avons préféré faire dériver
« chaque principe des leçons de l'histoire et en parti-
« culier de l'histoire de la troisième République. Si
« le peuple ne comprend point les abstractions, il
« comprend aisément qu'on lui parle de la liberté de
« l'enseignement à propos de l'article 7, de la liberté
« d'association à propos des décrets du 29 mars, et
« ainsi pour tous les droits qui sont des corollaires
« de la liberté de conscience. »

Le danger, c'était de faire un pamphlet ; ce danger l'auteur l'a évité ; il a su conserver un ton de réserve et de modération, même en parlant des mesures qu'il réprouve le plus hautement. Il se plaint tout d'abord que la liberté religieuse légale soit encore incomplète en France : « Il faut obtenir l'autorisa-
« tion du gouvernement, soit pour fonder et pro-
« pager un culte nouveau ou un culte qui existe
« déjà à l'étranger, soit pour organiser l'exercice pu-
« blic d'un culte reconnu dans une commune où ce
« culte n'existe pas ». Mais cette liberté incomplète elle-même, elle n'existe pas dans les mœurs : « La
« liberté de conscience, on l'a proclamée au milieu
« du cortège de toutes nos révolutions, mais alors
« on ne l'a aperçue qu'escortée de vengeances,

« parce que ses défenseurs ne la comprenaient point « et qu'ils la refusaient à leurs adversaires, au lieu « de l'honorer par une invincible modération, au « lieu de la respecter jusque dans ceux qui la com« battaient et la maudissaient. »

L'auteur pense que l'État doit résister énergiquement aux empiètements de l'Église sur la société civile, mais qu'il ne doit jamais se laisser entraîner à faire œuvre de propagande anti-religieuse, qu'il ne doit jamais être un adversaire, un ennemi de l'Église. Cela est bien clair, et il est peu de bons esprits qui n'en tomberont d'accord avec lui ; mais où est la limite? L'Église ne considère-t-elle pas souvent comme une injuste persécution la prétention très légitime de ne point la laisser gouverner? et, d'autre part, l'État ne s'imagine-t-il pas toujours s'en tenir à défendre ses droits quand il prend contre l'Église des mesures qui la mettent hors du droit commun?

« C'est comme libre-penseur épris de la liberté, « dit l'auteur du mémoire, comme positiviste épris « de justice, que je veux l'école laïque, comme « nous disons dans notre jargon politique, incon« fessionnelle, comme disent les Anglais dans leur « langue plus logique en l'espèce et plus claire que « la nôtre. Mais je trouve qu'il est parfaitement « dangereux de brusquer les délais, d'ailleurs in« suffisants, qu'a fixés la loi de 1886, et, dans des « communes où les catholiques pratiquants sont « l'immense majorité, d'expulser les institutrices

« congréganistes pour les remplacer par des institutrices laïques, qui sont mises en quarantaine. » Il approuve la loi sur les cimetières, mais il ne peut voir que de l'intolérance, et de l'espèce la moins respectable, dans ces mesures qui ont chassé « du « chevet des malades des femmes dont le seul tort « est de porter une cornette blanche ». Il n'admet pas « que l'on compromette la cause même de la « tolérance en rendant obligatoires des grammaires « où, sous prétexte d'imparfait du subjonctif, le « matérialisme prend à son tour le masque des « religions révélées ».

Il s'efforce de tenir toujours la balance égale, je ne sais s'il y parvient toujours; libre-penseur, toute son indulgence est pour les catholiques, ou pour mieux dire pour les chrétiens, à quelque confession qu'ils appartiennent. Il a souffert surtout des intolérants de gauche, et il oublie que les intolérants de droite sont aussi dangereux, sinon mille fois davantage; ils ont fait leurs preuves. Ce qu'il dit est souvent fort juste, mais il sait bien des choses qui sont vraies elles aussi et qui l'entraîneraient sans doute s'ils les avaient présentes à l'esprit, à changer parfois ses conclusions.

Il est absurde et injuste sans doute de reprocher aux catholiques d'aujourd'hui la procédure de l'Inquisition ; mais est-il aussi absurde de se souvenir du *Syllabus*[1]? de songer qu'après tout c'est en 1864, il

1. Il y a quelques jours à peine le Congrès catholique de Saragosse adoptait la résolution suivante : « Protester contre la li-

y a vingt-cinq ans, que Pie IX lançait l'Encyclique *Quantà curâ?* Ces faits-là, l'auteur les connaît, il les cite, il cite le fameux article 70 du *Syllabus* : « Anathème à qui dira : Le pontife romain peut et doit se réconcilier et transiger avec le progrès, le libéralisme et la civilisation moderne ». Il s'élève contre le parti ultramontain, il lui reproche d'avoir compromis la cause de l'Église, d'être en désaccord avec l'Évangile; mais, dit-il, le parti ultramontain n'est pas l'Église tout entière. C'est très heureusement la vérité ; il existe encore, quoi que l'on puisse dire, des catholiques libéraux, mais ce ne sont pas eux qui gouvernent l'Église, et peut-être ont-ils été plus maltraités dans l'Encyclique que les hérétiques ou les athées. Lorsqu'on parle de l'Église aujourd'hui, c'est d'une Église autoritaire et intransigeante; qu'elle doive changer demain, soit; mais elle n'a point encore changé, l'auteur du manuscrit 139 le sait bien.

Si parfois il semble que le désir d'être juste rende partial pour ses adversaires l'auteur de ce travail, c'est qu'il s'est fait de la République une idée très grande et très haute ; il voudrait qu'en elle tous les Français puissent se réconcilier. « O pure « et idéale République dont le rêve a été la force « et la joie de nos pères, qu'es-tu devenue entre les « mains de tant de serviteurs maladroits ou cou-

berté des cultes; demander le rétablissement de l'unité catholique, l'enseignement religieux, l'interdiction des écoles qui ne sont pas catholiques ».

« pables? Tu avais si glorieusement commencé!
« Quand tout était perdu, tu sauvais l'honneur; tu
« surgissais des décombres fumants pour unir, et
« tout est divisé; tu t'es divisée toi-même, tu te
« déchires de tes propres mains, ô bien-aimée. Et
« le châtiment est venu à pas de géants, pour cé-
« lébrer ce centenaire de la Révolution dont l'image
« vivante ne peut toujours être que toi, ô Répu-
« blique, pour glorifier 1789, tu ne vois point encore
« tous les Français de France réconciliés au nom
« de la fraternité! » Pour amener à elle tous les hommes de bonne volonté, il faut que la République soit juste, il faut qu'elle soit tolérante : « Je
« condamnerais un fonctionnaire qui enverrait de
« force au sermon ou au prône ses subordonnés,
« mais je trouverais scandaleux qu'un percepteur
« de village courût le risque d'être mal noté s'il
« allait à la messe et que les avis motivés des loges
« maçonniques en vinssent à remplacer auprès de
« MM. les ministres les recommandations autori-
« sées des Sociétés de Saint-Vincent-de-Paul. »

Parmi les questions qui préoccupent l'opinion à l'heure actuelle, il n'en est guère auxquelles n'ait touché l'auteur : la loi sur les cimetières, les mariages mixtes, les biens de main-morte, la liberté de l'enseignement, l'article 7, les décrets de mars, la liberté d'association, l'école laïque, la séparation de l'Église et de l'État, il passe tout en revue. Les faits sont bien exposés, la discussion bien conduite; que l'on accepte ou que l'on rejette les solutions proposées, on n'a pas perdu son temps à les examiner, on a été contraint à réfléchir, à soumettre à une critique nouvelle ses propres opinions. L'auteur porte partout le même esprit de libéralisme, de libéralisme intransigeant si j'ose dire ; mais il est aussi conciliant que libéral, ce n'est pas un fanatique de liberté, il ne veut rien imposer, même la liberté.

Ce qu'il a très bien compris, c'est que la question de la liberté religieuse n'est pas seulement une question légale. Les lois qui régissent l'état civil, le mariage, l'éducation des enfants, la police des cimetières, sont au point de vue religieux les plus libérales qu'on puisse désirer ; il semblerait que chacun est libre de pratiquer la religion qu'il lui plaît, ou même de n'en pratiquer aucune ; mais la mode impose ce que la loi laisse libre de rejeter. Le prêtre est en droit de refuser de célébrer le service funèbre de ceux qui ont repoussé les enseignements de l'Église ; on crie à l'intolérance cependant, on veut vivre en dehors de l'Église, mais on n'admet pas qu'elle vous tienne rigueur ; c'est un droit, semble-t-il, d'avoir un prêtre derrière son cercueil, un droit dont on ne veut pas être frustré. Il faudrait être logique et savoir se passer de prières que l'on ne croit point efficaces. Mais l'Église devrait donner l'exemple, être la première à respecter ses cérémonies, et n'exiger plus le billet de confession de ceux qui ne croient pas qu'elle ait le pouvoir de remettre les péchés.

Une source continuelle de conflits entre la loi

civile et l'Église, c'est la question toujours renaissante des biens ecclésiastiques, des biens de mainmorte. On a confondu très souvent la liberté d'association et le droit pour une association d'accumuler indéfiniment des richesses. Ce sont là choses très distinctes et qu'il importerait de ne pas mêler. L'auteur l'a bien compris, il a bien vu qu'à l'État seul il appartenait de régler les questions économiques. Pouvoir et propriété ne peuvent se séparer; la société civile peut et doit donc prendre des précautions pour que le capital ne s'accumule pas entre les mains de quelques individus qui, en raison de leurs grandes richesses, pourraient très vite arriver à gouverner le pays et à le gouverner contre son gré. S'il s'agit d'un corps qui ne meurt jamais, comme les congrégations, d'un corps qui peu à peu en viendrait à posséder tout le sol d'un pays, d'un corps immense comme l'Église de France, le danger pour la liberté est si grand que l'on ne pourrait excuser le gouvernement aveugle et faible qui exposerait la société tout entière à devenir l'humble servante du clergé[1].

« Refuser à l'association religieuse la faculté de
« fonder des êtres collectifs capables de jouir de
« tous les droits des personnes morales, lui inter-
« dire ce qu'on permet aux communes, aux hos-
« pices, aux établissements de charité, aux bureaux

1. Le Congrès de Saragosse (octobre 1890) a réclamé pour l'Église le droit d'avoir des propriétés meubles et immeubles sans aucune limitation.

« de bienfaisance, aux sociétés anonymes, ce n'est « pas la soumettre au droit commun, c'est l'exclure « du régime naturel de la liberté, c'est la placer « dans un régime d'exception et d'arbitraire »; mais il faut reconnaître expressément que c'est à l'État à régler la condition des biens de mainmorte, « qu'il peut mettre des conditions à l'établissement et à l'existence des personnes collectives », et restreindre au minimum la quantité de richesses immobilisées entre leurs mains.

L'auteur est surtout préoccupé de l'enseignement. C'est un partisan résolu de la liberté d'enseigner, un adversaire du monopole universitaire, que personne au reste ne défend plus aujourd'hui, personne ou peu s'en faut. La laïcisation de l'enseignement primaire est à ses yeux un grand progrès, il serait odieux d'imposer une école congréganiste à une commune qui désire un instituteur ou une institutrice laïques. Mais il faut éviter de blesser les consciences, de contrarier les volontés nettement exprimées des pères ou des mères de famille; il ne faut pas, pour vouloir aller trop vite, risquer de tout gâter et de compromettre la cause de la liberté en imposant un enseignement plus ouvert et plus libéral. Voici en conséquence les mesures que l'auteur voudrait voir adopter : « L'école commu-« nale est fondée, entretenue et dirigée par l'État; « elle est essentiellement une institution d'État et « la direction n'en peut être confiée qu'à des insti-« tuteurs ou à des institutrices laïques. Néan-

« moins, par mesure de transition et par respect
« pour la liberté de conscience dont l'État est le dé-
« fenseur et le protecteur, la laïcisation du person-
« nel enseignant n'aura pas lieu d'une façon arbi-
« traire, et le choix entre l'école laïque et l'école
« congréganiste sera laissé à la majorité des pères
« de famille, constatée par le Conseil départemen-
« tal. »

L'école neutre que réclame l'auteur est une école d'où la religion ne serait pas bannie, ce n'est pas une école sans Dieu. Il faut que le maître évite tout ce qui pourrait blesser les croyances religieuses de ses élèves ; mais s'il doit rester neutre entre les diverses confessions religieuses, il ne doit pas rester neutre entre l'athéisme et la foi en Dieu. L'auteur n'étend pas sa tolérance aux athées : il lui semble que l'on est quelque peu coupable de ne pas croire en la Providence d'un Être puissant et bon qui gouverne les peuples et les hommes, mais il se réjouit qu'on ait rendu au curé l'enseignement religieux tout entier. Aussi bien n'était-ce pas un véritable enseignement religieux que donnait l'instituteur, il se bornait à enseigner aux élèves la lettre du catéchisme; il lui fallait faire apprendre aux enfants des dogmes auxquels souvent il ne croyait plus, et les leur faire apprendre machinalement, mécaniquement, sans leur rien expliquer. On l'a délivré de ce fardeau qui pesait lourdement aux maîtres qui avaient quelque délicatesse et quelque indépendance et qui avaient perdu la foi;

mais il faut qu'ils prennent garde de ne pas laisser croire que la loi nouvelle « n'a pu mettre leur « conscience à l'abri qu'en constituant une menace « perpétuelle pour la conscience des enfants et des « familles ».

Il y a eu des excès de zèle; on a, par exemple, enlevé à des enfants leurs catéchismes qu'ils avaient apportés en classe parce qu'ils devaient se rendre à l'instruction religieuse en sortant de l'école; quelques présidents de distributions de prix, désignés par le ministre, ont fait dans leurs discours des professions de foi d'athéisme; mais ce sont là des faits isolés et qui n'ont pas la portée qu'on a voulu leur donner. Ce qui importe, c'est que les devoirs envers Dieu figurent au programme de morale, c'est que presque tous les instituteurs parlent de Dieu aux enfants. « L'Etat ne saurait être athée, « dit l'auteur; il est impuissant pour le culte pro- « prement dit, pour les formules et pour les rites; « il ne peut pas être sacerdotal, mais il est néces- « sairement religieux... L'Etat, c'est le devoir « armé, c'est la morale vivante. La doctrine du « contrat social est incomplète... sans doute, « l'État est un pacte entre les hommes, mais c'est « d'abord un pacte entre les hommes et Dieu. »

Je ne sais si cette théorie sera admise de tous, et si ce pacte fondamental entre les hommes et Dieu ne semblera pas à quelques-uns une affirmation hardie. Que ce pacte existe, je n'en disconviens pas, mais qu'il faille que l'État le prenne à son compte et s'en fasse le gardien, que l'État ait charge d'âmes et soit astreint à amener toutes les consciences à reconnaître ce contrat tacite qui lie les hommes à Dieu, peut-être aurait-on quelque scrupule à l'affirmer. L'auteur a pour lui les autorités les plus hautes, les plus incontestées, et c'en est assez pour que nous n'insistions pas; mais peut-être aurait-il convenu de n'imposer point à l'État d'aussi lourdes obligations.

Qu'il s'occupe avec sollicitude, avec bienveillance, des intérêts religieux du pays, cela est partie intégrante de ses fonctions; mais ne serait-ce pas mettre une doctrine en péril que de l'appuyer de l'autorité de l'État? la vérité en serait-elle plus vraie parce que le gouvernement en aurait fait sa vérité et l'aurait marquée de son estampille? Ce qui importait, c'est que l'instituteur pût écouter sa conscience et parler de Dieu librement; cette liberté, il la possède, la loi la lui donne; elle fait plus, elle lui ordonne presque d'en user.

L'auteur du mémoire est au reste l'adversaire des religions officielles; les Concordats le choquent; il ne peut admettre qu'il dépende du Président de la République de donner ou de refuser l'*exequatur* « à un article de foi. « Sous le régime concordataire, « l'Église n'est plus qu'une Église protégée, et les « prêtres salariés deviennent des fonctionnaires qui « dépendent du ministre des cultes, qui reçoivent de « lui des ordres, qui sont astreints à prononcer cer- « taines prières publiques, à rendre certains hon-

« neurs aux autorités civiles, à paraître dans les « cérémonies et dans les réceptions officielles... et « de qui on pourrait exiger le serment d'obéissance « et de fidélité au gouvernement établi par la con- « stitution de la République française. »

Il n'est pas partisan cependant d'une séparation immédiate de l'Église et de l'État ; c'est qu'aujourd'hui l'Église et l'État sont en guerre, et que la séparation ne ferait que rendre la lutte plus acharnée. Mais, dans l'avenir, lorsque l'apaisement sera fait, il faudra briser les chaînes qui lient l'une à l'autre les deux puissances, et ce ne sera pas, comme le craignait le comte d'Arnim, l'Église armée dans l'État désarmé : l'État saura se défendre. Pourquoi au reste le catholicisme ne se réconcilierait-il pas avec la société laïque ? pourquoi ne donnerait-on pas du *Syllabus* une interprétation libérale ? S'il faut combattre cependant, dit l'auteur, que l'on combatte du moins avec les armes de la liberté !

On peut répondre à la propagande de ses adversaires, mais on ne doit pas l'étouffer, on ne doit pas souhaiter qu'on l'étouffe. Le droit de professer un culte est inséparable du droit de le propager ; « la liberté sans la propagande ce n'est plus la li- « berté, c'est la permission d'aller et de venir dans « l'intérieur d'une prison. » Il ne suffit pas de laisser aux Églises leur liberté, il faut les traiter avec bienveillance, ne pas profiter des mille occasions qui s'offrent chaque jour pour faire subir à leurs pasteurs d'inutiles tracasseries. On ne saurait dispenser les séminaristes du service militaire, mais on peut ne les placer que dans les hôpitaux ou dans les services administratifs, on peut les autoriser à ne pas habiter la caserne.

L'auteur est si large dans les concessions qu'il fait aux Églises, qu'il demande le maintien du budget des cultes en même temps que l'abrogation du Concordat; c'est autant dans l'intérêt de la République, il est vrai, que dans celui de l'Église qu'il réclame que l'État continue à subventionner « une institution qui est réclamée comme nécessaire par l'immense majorité des citoyens ».

Le but dernier auquel il faut aspirer, ce n'est pas la tolérance, c'est la liberté; il faut qu'on en vienne à reconnaître que chacun a le droit de penser, de croire, de vivre comme sa raison et sa conscience le lui commandent, et qu'on en vienne à le reconnaître en fait; il ne suffit pas que la liberté soit inscrite dans la loi, il faut qu'elle soit écrite au cœur même de tous les citoyens, il faut qu'ils aiment comme la leur la liberté d'autrui. Et c'est de la liberté de tous qu'il s'agit : « Dans la langue des partis, on a dit tour à tour : « La liberté de la fidèle « noblesse, la liberté des enfants de Dieu, la liberté « du bien, la liberté des honnêtes gens », tout cela n'est que la tyrannie sous des formes et des noms divers ». Et il ne faut pas remettre à demain l'œuvre d'aujourd'hui, ajourner sans cesse les réformes : « Ce qu'on ajourne ainsi c'est la conscience humaine ».

On peut voir par cette analyse quel travail considérable représente ce mémoire et de quelle passion ardente pour la liberté est animé son auteur. C'est, parmi les manuscrits qui ont été examinés par la Commission, sinon l'un des plus originaux et des plus vigoureusement pensés, l'un de ceux, du moins, où l'auteur a fait le plus sérieusement effort pour donner aux questions de politique religieuse qui divisent encore notre pays des solutions pratiques.

Mss. 146. — Tolérance pour les personnes au point de vue religieux. 105 p. in-4°. Liberté de conscience démontrée par la raison et l'Évangile.

Ce mémoire avait fixé tout d'abord notre attention; on sent à toutes les pages une conviction ardente, partout respire un véritable esprit de charité, de foi, de piété parfaite. L'idée qui le domine c'est que la doctrine de J.-C. est une doctrine de tolérance et de paix, et qu'il est du devoir du Souverain-Pontife de proclamer solennellement cette doctrine du haut de la chaire de Saint-Pierre. Ce manuscrit semble n'avoir pas été composé en vue du concours. Peut-être n'a-t-il été écrit que l'an passé ou cette année, mais les idées qui le remplissent sont des idées avec lesquelles l'auteur a vécu longtemps, qui sont devenues comme la trame et la substance même de sa pensée. Elles sont si présentes à son esprit qu'elles lui semblent s'imposer à tous; il n'a pas fait effort pour analyser sa pensée, elle lui apparaît toujours tout entière, et c'est tout entière qu'il cherche à l'exprimer en chacune de ses pages. Aussi est-il malaisé de suivre ses raisonnements et de bien saisir le plan du livre.

Il semble, au reste, que l'auteur se fasse quelque illusion sur l'importance de son œuvre, lorsqu'il écrit par exemple : « J'ai l'espoir que la logique « sévère de ce petit livre rendra d'inappréciables « services aux personnes dont les croyances reli- « gieuses périssent par les scandales des fanatiques « et leur intolérance contre les personnes ; il effa- « cera même l'intolérance du clergé, relèvera le « courage des faibles, dont la foi mal raisonnée « chancelle, et fortifiera les gens de bien, résolus à « devenir chrétiens comme J.-C. ».

Le point de vue où il s'est placé n'est point aussi nouveau qu'il l'imagine, et peut-être vaudrait-il mieux, dans son intérêt même, qu'il évitât de dire : « Prouver que l'intolérance contre les personnes « s'est montrée l'ennemie de la religion et de la « société depuis le IVe siècle jusqu'à nos jours est « une entreprise dont personne n'a eu l'idée. Cette « entreprise m'est personnelle, j'en ai eu le courage, « et j'y ai travaillé toute ma vie : je l'ai menée à « bonne fin, et je suis à la hauteur de la défendre. »

Il distingue avec grande justesse l'intolérance civile, qui s'exerce contre les violateurs de la loi civile et qui a pour instruments les tribunaux, de l'intolérance contre l'erreur ; toutes deux sont légitimes, si elles restent chacune en son domaine propre. C'est parce qu'on a mis la puissance publique au service d'une doctrine religieuse, que l'intolérance religieuse, l'intolérance contre les personnes a pu naître. Tout cela est vrai, mais non point nouveau : c'est le thème commun de tous ceux qui ont plaidé la cause de la liberté de conscience.

La nouveauté, c'est de faire de saint Augustin un grand hérésiarque, qui à lui tout seul a réussi à créer la doctrine de l'intolérance religieuse et à transformer la loi d'amour de J.-C. en une loi sanglante de violence et d'oppression. Aussi les arguments que l'évêque d'Hippone a apportés en faveur de la thèse qu'il défendait, le droit de l'Église de frapper les hérétiques, sont-ils discutés un à un. Je crois que, si l'auteur avait étudié avec soin l'histoire des trois premiers siècles du christianisme, il se serait aperçu que saint Augustin a moins innové qu'il ne semble, et que l'intolérance a grandi lentement à mesure que se faisait plus complète dans l'Église l'unité de doctrines.

Vient alors en 12 pages l'histoire de l'intolérance depuis Constantin jusqu'à nos jours, puis une discussion confuse des arguments les plus récents en faveur de l'intolérance. Les arguments sont parfois bizarres. « 8e argument. Il est absurde de prétendre, comme le font certains idéologues d'aujourd'hui, que l'Église n'a d'autres droits que de bénir les canons pointés contre elle. »

Mais le centre du livre, c'est la discussion « de

la valeur des mots *Compelle intrare* ». L'auteur soutient que, dans le texte de saint Luc (XIV, 23) ἀνάγκασον εἰσελθεῖν, ἀνάγκασον signifie prier, insister, user d'une douce violence; il cherche à le prouver en rapprochant ce texte des mots : καὶ παρεβιάσαντο αὐτὸν (Luc, XXIV, 29). C'est, à ses yeux, en détournant violemment de leur sens les paroles de l'Évangile qu'on a pu s'autoriser de la doctrine du Christ pour persécuter les hérétiques. Il est temps que la papauté cesse d'appuyer de son autorité cette hérésie, la plus coupable de toutes; il faut que le pape se décide enfin à dire à tous les chrétiens la vérité, à proclamer la doctrine de pardon et de paix. On a pu juger du style par les quelques citations que nous avons faites : nous n'insisterons pas. Ce qui est vraiment intéressant dans ce manuscrit c'est la foi profonde, l'ardente charité, qui mettent partout le mouvement et la vie. Le ton parfois est violent, et le clergé est rudement traité; mais c'est sa haine pour le pharisaïsme qui fait venir aux lèvres de l'auteur toutes les âpres paroles auxquelles il se laisse entraîner.

Mss. 158. — Je n'ai point tiré mes principes de mes préjugés, mais de la nature des choses. 225 p. in-4°.
Méditations sur la liberté de conscience.

C'est un long mémoire philosophique, diffus, mal composé, écrit en un style soufflé, ampoulé et convenu; les phrases sont embarrassées, parfois obscures; mais il y a des images fortes, des trouvailles heureuses; partout un grand accent de sincérité et de foi. Récrit et recomposé, ce mémoire serait digne d'être cité avec éloge. Mais il est trop long et trop lourd de forme si c'est un plaidoyer, et l'on est en droit de demander dans une étude scientifique plus de faits et plus d'idées.

Mss. 159. — La Patrie, la Famille, l'Humanité. 451 p. in-4°.

Ce gros mémoire, composé en deux mois (l'auteur le déclare), se ressent de la hâte avec laquelle il a été écrit. La langue est souvent incorrecte, toujours embarrassée et déclamatoire; l'auteur parle, par exemple, du « drainage scientifique des capitaux entre quelques mains qui forment une véritable féodalité financière internationale »; il représente l'instruction comme « une panacée à toutes nos verrues morales et sociales ».

Il s'imagine être impartial, il croit n'avoir pas attaqué le catholicisme; mais tout le mémoire n'est qu'un réquisitoire de la dernière violence contre le catholicisme, ses dogmes et sa discipline. Il s'appuie souvent dans ses argumentations sur une histoire de fantaisie; il faut citer à ce point de vue tout ce qui concerne les persécutions. Des digressions continuelles; toute une longue dissertation, par exemple sur les reliques, les fausses reliques et les pratiques superstitieuses. Des affirmations comme celle-ci : « On tolérait les juives à Rome

« parce qu'elles servaient aux débauches des car-
« dinaux (p. 166) ». Le Syllabus est violemment pris à partie ; il est cité tout entier, et critiqué article par article.

L'intérêt véritable du mémoire ce sont les renseignements qu'il contient sur les sociétés catholiques, sur les cercles ouvriers en particulier. L'auteur les considère comme de véritables machines de guerre dirigées contre la société moderne. Le grand instrument de tyrannie à notre époque c'est, d'après l'auteur, le capital : on n'a pas besoin de frapper ses adversaires religieux, on les empêche de vivre ; le patron est le maître souverain de la conscience de ses ouvriers, il peut les faire croire comme il lui plaît, ou les faire, du moins, se conduire comme s'ils croyaient. Mais on a craint que les mailles du filet ne fussent point assez serrées et qu'il n'y eut quelque trou par où pourraient s'échapper les travailleurs, et c'est pour les retenir plus sûrement qu'on a créé les cercles catholiques. Toute la direction est entre les mains des patrons : c'est une prise nouvelle qu'on leur a donnée sur ceux qu'ils emploient. On fait de la misère une auxiliaire de la prédication, et ses arguments sont les plus convaincants de tous. « Par-
« fois nous nous voyons dans la triste nécessité de
« mesurer le pain de la charité à la bonne vo-
« lonté que met la famille à suivre l'enseignement
« catholique... Le bon de pain et le bon de viande
« sont les clefs qui nous ouvrent la demeure des

« pauvres. » (Circulaire confidentielle aux membres de la Société de Saint-Vincent-de-Paul). (Mss. p. 287.)

D'autres associations viennent s'ajouter à celle-là, animées du même esprit de domination : c'est l'Association de France contre le travail du dimanche qui met en interdit les magasins qui restent ouverts le dimanche, c'est la Sainte-Ligue judiciaire, c'est surtout la Légion de Saint-Maurice, où l'on enrôle les jeunes soldats. L'auteur approuve la loi de juillet 1880 sur l'aumônerie militaire ; il signale les abus auxquels donnait lieu l'institution des aumôniers militaires ; il cite, par exemple, le document suivant :

Alençon, ce...

Temps Pascal... 187
Billet de confession.

Signé : D...,
Aumônier de la garnison.

N. Ce billet donne droit à deux cigares, un verre de cidre et une tartine avec un fromage. Seulement, au préalable, il faut que le porteur ait communié.

Si le prêtre se restreignait à l'enseignement de la morale et du dogme, il aurait des adversaires, mais, d'après l'auteur, il n'aurait pas d'ennemis : cléricalisme et anticléricalisme seraient alors des mots vides de sens. Ce qui constitue le cléricalisme, c'est l'ingérence du clergé dans les affaires politiques, et cela est inévitable maintenant que les

Jésuites dominent dans l'Église et que le pape est leur prisonnier. L'auteur va si loin dans sa haine des Jésuites, qu'il accuse leurs élèves d'entrer les premiers dans nos grandes écoles par fraude. Malgré la violence de ses attaques contre l'Église, il fait cependant de très sincères efforts pour être impartial, et il y a vers la fin du mémoire quelques belles pages sur le rôle du prêtre dans la société.

Mss. 160. — Per libertatem veritas, per veritatem libertas. 288 p. in-8.
De la liberté de conscience dans les institutions et dans les mœurs.

Si l'auteur avait pris le temps de composer et d'écrire son livre, s'il avait su faire pénétrer un peu de lumière au milieu de cette épaisse forêt d'arguments, s'il ne s'était pas laissé entraîner à employer des procédés d'exposition bien vieillis aujourd'hui, ce mémoire se serait imposé à l'attention de la Commission.

La langue est sans vigueur d'ordinaire et sans fermeté; elle n'est même pas toujours d'une correction rigoureuse ; les phrases sont lâchées, abandonnées, elles vont au hasard ; le style, à la fois solennel, familier et attendri, est d'une désolante monotonie, malgré les métaphores dont il se hérisse de temps en temps.

Il y a tant de divisions, de sous-divisions, de paragraphes, d'arguments soigneusement distingués et placés chacun dans sa petite case étiquetée, qu'il devient impossible à l'esprit de se retrouver au milieu de toute cette confusion, si artistement, si symétriquement embrouillée. Mais c'est la passion de la clarté qui a amené l'auteur à être obscur; c'est pour y voir plus clair dans ses idées qu'il les a ainsi distribuées en tant de petits compartiments. S'il avait eu plus de temps devant lui, il aurait enlevé les échafaudages et nous aurait livré une maison neuve, aux vastes salles, aux larges corridors; mais il s'est trop hâté, les échafaudages font corps avec la maison, on ne les en peut plus distinguer, et c'est grand dommage.

Les questions pratiques sont à peine effleurées; ce mémoire est essentiellement un essai philosophique sur la liberté de conscience. Les principaux arguments sont présentés avec clarté, mais ils sont si longuement présentés qu'ils fatigueraient même les convictions les plus robustes, d'autant que les mêmes arguments reparaissent parfois en plusieurs endroits sous des formes diverses. Il arrive aussi que l'auteur se donne grand peine pour démontrer des vérités trop vraies, comme celle-ci par exemple : « L'existence et l'avenir de notre liberté de conscience sont irrévocablement liés à l'établissement progressif et général de la liberté de conscience dans les habitudes nationales ».

Mais les arguments eux-mêmes sont fort justes d'ordinaire. L'auteur a eu l'idée excellente de présenter un tableau rapide de la législation en matière religieuse en Russie, en Suède, en Angleterre, aux

États-Unis, en Hollande, en Suisse, en Allemagne, en Belgique ; il fait la critique de nos lois françaises ; il proclame la nécessité de faire disparaître du Code pénal les articles 291 et 294, de supprimer l'autorisation préalable. Il montre qu'il existe dans l'ordre scientifique, dans l'ordre religieux, dans la conception même de la vie sociale, une opposition profonde, un véritable antagonisme entre les libéraux et les orthodoxes intransigeants ; c'est une lutte sourde, une sorte de paix armée que l'apparente paix où nous vivons. Il développe alors en une espèce de plaidoyer les arguments que peut invoquer pour elle l'intolérance (impuissance de l'homme à trouver la vérité, illégitimité du libre-examen ; dangers de la liberté pour l'individu, pour la vérité, pour la société religieuse et civile ; bienfaits de la religion d'autorité), il les réfute ; puis il s'efforce de démontrer par la nature même de la vérité la légitimité de la libre recherche ; c'est un droit, dit-il, inhérent à l'esprit humain. La conscience est libre, nul n'a autorité pour la contraindre ; c'est la doctrine même de l'Évangile. A quoi bon, au reste, lutter contre la force même des choses, contre la Providence? Lentement, mais sûrement la liberté conquiert le monde.

Mss. 151. — Invitus, regina, tuo de littore cessi. 625 p. in-8.

Ce mémoire est une œuvre remarquable ; c'est le meilleur peut-être des manuscrits qui ont été soumis à l'examen de la Commission. Malheureusement il ne se rapporte que très indirectement à la question : c'est, sous la forme d'un traité de théologie critique et d'histoire religieuse, une discussion très vigoureuse et très pénétrante des dogmes catholiques.

L'auteur est certainement un lettré de profession ; il sait de l'histoire des origines chrétiennes ce qu'il est nécessaire qu'il en sache, il connaît bien les Pères, il s'oriente aisément dans ce dédale de controverses théologiques où se sont complus les écrivains chrétiens du IIe au Ve siècle. Son livre n'est pas une compilation, c'est une œuvre sérieuse et sincère, un travail de critique très personnelle, qui s'appuie sur des textes bien choisis et bien analysés. Parfois sans doute l'auteur s'attarde à établir des faits que personne ne songe plus à contester, à réfuter des opinions qui ne sauraient plus être sérieusement soutenues par personne ; mais il ne faut pas oublier que ce n'est pas aux historiens et aux exégètes qu'il s'adresse, c'est à cette grande foule qui aime la vérité, qui aspire à elle, mais qui est attachée par mille traditions, retenue par mille habitudes, qui est intolérante parce qu'elle ne sait pas, qui voudrait être libérale, mais que son éducation enchaîne malgré elle à des manières de penser vieillies. Ce sont gens qui ne peuvent s'affranchir eux-mêmes ; ils aiment la vérité sans doute, ils aiment la liberté, mais ils n'ont point pour elles cette ardente passion, prête à tous les sacrifices, qui oblige à chercher sans cesse, à faire toujours effort pour être libre. Ils s'inclineront devant les faits; mais ces faits, il faut qu'on les leur apporte, je dirais volontiers, il faut qu'on les leur impose.

Les espérances de l'auteur sont plus vastes : c'est à ceux qui se sont d'avance déclarés à eux-mêmes qu'ils avaient raison, qui sont résolus à nier l'évidence, c'est à ceux-là, semble-t-il, qu'il espère ouvrir les yeux.

Ce qui frappe tout d'abord dans ces pages, c'est la gravité, la dignité du ton, et c'est une dignité qui n'est pas solennelle, une gravité qui sait se faire familière et simple; les traits abondent, mais ils ne sont pas cherchés : ce sont des phrases vives et mordantes, dont toute la valeur est qu'elles disent ce qu'elles veulent dire et prouvent ce qu'elles veulent prouver. On éprouve en lisant ce livre une pénétrante impression de candeur; mais c'est la candeur d'un homme qui n'est point dupe, qui n'est dupe ni de soi-même ni des autres; une impression de respect aussi : c'est que le respect est contagieux comme la raillerie, et l'auteur respecte les choses vieilles et saintes dont il parle; il les respecte au moment même où il les brise. Il semblerait parfois lire du Voltaire, mais ce Voltaire là serait un Voltaire pieux, un Voltaire tolérant, tolérant de cette tolérance vraie qui est l'amitié pour la foi des autres, un Voltaire aussi qui aurait lu Strauss, Reuss et Renan, et qui aurait appris à leur école que la Bible est un livre qu'il convient de prendre au sérieux.

Voici quel est le but que l'auteur s'est lui-même assigné : « Nous voudrions montrer que le devoir « de l'État, dans ses alliances avec les religions, « est : 1° de s'attacher aux principes, ce qui l'oblige « à protéger également toutes les religions; 2° de « négliger les dogmes secondaires, ce qui lui inter- « dit de mettre la puissance publique au service « particulier d'une religion. Peut-être même, en « prouvant que les dogmes ont un caractère arbi- « traire et facultatif, pourrait-on obtenir des reli- « gions elles-mêmes une attitude plus conciliante « à l'égard des incrédules, qui n'ont pas le tort de « ne rien croire, ni même de croire autre chose, « comme dit Béranger, mais qui seulement croient « les mêmes choses pour d'autres raisons. L'au- « teur de cet essai n'est pas libre-penseur, car il y a « des choses sur lesquelles il ne pensera jamais « librement, si la liberté suppose l'indifférence et « l'impartialité absolue entre toutes les doctrines. « Il ne dissimule pas qu'il se contente d'une grande « vraisemblance pour croire en Dieu, et qu'il fau- « drait des démonstrations rigoureusement scien- « tifiques pour le convertir à l'athéisme. Il professe « la même partialité en faveur de la loi morale et « de l'immortalité de l'âme. Mais, s'il n'est pas « libre-penseur, il est du moins libre-adorateur. Il « ne soumet sa foi à aucun des dogmes qui limitent « la nature, l'action et la justice de Dieu. S'il croit

« en Dieu, il n'accepte pas un Dieu inférieur à « l'idéal que poursuivent de concert la raison et le « cœur, celui-ci en avance sur celle-là. Il repousse « une foi qui révolte le principe même de la foi. »

Il va donc essayer de démontrer par l'histoire l'origine purement humaine des dogmes ; il fera voir comment ils sont nés, comment ils ont grandi, comment bien souvent ils se sont survécu à eux-mêmes, témoins immobiles du passé. S'il borne son examen aux dogmes du catholicisme, c'est qu'il estime que, si la preuve est faite pour cette religion sacrée entre toutes, elle sera faite pour toutes les religions. Il ne voudrait pas qu'on le comptât parmi les ennemis du catholicisme ; s'il croyait qu'on puisse le détruire, il ne s'attaquerait point à lui ; ce qu'il rêve, c'est de convertir les catholiques à la liberté, à la tolérance, c'est de les amener à ne voir en leurs dogmes que des formules créées par les hommes, qui ne montrent pas Dieu à découvert, mais le font pressentir et comme deviner derrière le voile épais qu'aucun œil humain ne saurait percer.

« Certes les temps sont passés, dit-il, où Voltaire « critiquait en se jouant les dogmes de l'Église. « L'incrédulité aujourd'hui est triste. L'auteur le « sait par expérience. Il est né dans le catholi- « cisme, qui a conservé, à ses yeux, le charme de « la religion maternelle ; il y est revenu souvent « pour l'étudier, non sans l'espoir secret de se « réconcilier avec ses dogmes. Il a lieu de croire

« sérieuses les raisons qui ont prévalu dans son « cœur sur la douce habitude de croire et sur le « désir de croire encore. » On retrouve à chaque page cet accent de courageuse tristesse, de résignation virile. Le sacrifice a été cruel pour ce cœur tendre et affamé de croyances ; il l'a fait cependant, il l'a fait pour obéir à ce besoin passionné de vérité qui condamne à se torturer elles-mêmes les plus nobles consciences et les plus hautes. « [L'incré- « dulité] nous fait des ennemis dont la haine nous « attriste, et des amis dont nous ne sommes pas « fiers ; elle nous impose des sacrifices continuels : « c'est peut-être une raison d'y persévérer. »

Ce n'est que dans les dernières pages (p. 618-625) de ce long traité que l'auteur aborde directement la question de la liberté de conscience ; nous ne saurions mieux faire que de lui laisser la parole : « En résumé, la liberté de conscience a « pour condition première la neutralité de l'État « dans toutes les questions qui divisent les sectes « religieuses et philosophiques. Aucune secte n'a « le droit de dicter des ordres à l'État, car aucune « d'elles n'apporte de ses dogmes des preuves qui « présentent le caractère scientifique que l'État a « le devoir d'exiger. Le catholicisme, qui joint aux « prétentions les plus hautes les titres les plus « dignes d'examen, ne fait pas exception à la règle. « D'autre part, toutes les croyances métaphysiques « ou religieuses ont droit à la tolérance, sinon « à la protection de l'État, sans excepter l'a-

« théisme, qui se défend de conduire à l'immoralité.
« Mais la liberté de conscience, pas plus que « nulle autre, n'est absolue ; elle doit respecter les « principes d'ordre public et de justice sociale qui « sont confiés à la garde de l'État. C'est donc ici « encore l'État qui reparaît, chargé de limiter au « besoin la liberté de conscience. Tout dépend donc « de l'État, qui a, tour à tour, suivant les occasions, « des devoirs à remplir ou des droits à exercer. « Pour que la liberté de conscience fleurisse et « porte de bons fruits, il faut qu'il distingue dans « les traditions du passé ce qui est vraiment utile « de ce qui est encombrant, et, dans les nouveautés « qui se produisent, ce qui est bon de ce qui est « malsain. »

C'est, ou peu s'en faut, la théorie de Spinoza, la plus libérale qui se puisse imaginer, si l'État est lui-même libéral ; une théorie très française aussi, qui se fie plus au bon sens et à la modération des magistrats qu'à l'esprit querelleur des théologiens de toutes sectes. Je ne sais s'il ne serait pas sage de se défier un peu de l'État ; il faut souhaiter, semble-t-il, qu'il se mêle le moins possible aux choses de la vie religieuse. Il a tôt fait de devenir théologien, et c'est chose dangereuse qu'un théologien qui peut donner des ordres à la gendarmerie. Il n'en est pas moins vrai que l'Église catholique affranchie de l'État, c'est peut-être, quelques années plus tard, l'Église catholique maîtresse souveraine de l'État. Il convient d'être sur ses gardes, mais il convient de rester chacun chez soi, et de ne point tant se préoccuper de ce que croient les gens et de la manière dont ils adorent Dieu. Laissez-les faire tant qu'ils ne forceront personne à faire comme eux.

Nous ne pouvons donner une idée, même fort incomplète, de ce que renferme ce manuscrit. Tous les dogmes du catholicisme sont passés en revue et historiquement étudiés dans ce long travail, si alertement écrit, si vivant dans sa gravité douce, émue et par instants railleuse.

Le mémoire se divise en cinq livres : Liv. I, Les Mystères. Liv. II, Le Monde surnaturel. Liv. III, La Grâce. Liv. IV, Les Sacrements. Liv. V, L'Autorité dans l'Église.

Il serait à regretter qu'une telle œuvre ne fût pas publiée ; peut-être n'apprendra-t-elle rien de très nouveau aux gens du métier, mais elle enseignera, à ceux qui affirment sans preuves et qui maudissent, le respect de la vérité, et à ceux qui insultent et qui raillent, le respect de la religion.

Mss. 166. — Aimez-vous les uns les autres. 238 p. in-12. — Leçon de morale.

S'il suffisait pour faire un bon livre d'aimer la liberté d'un ardent amour, s'il suffisait d'être juste, tolérant et sincère, la Commission n'aurait pas eu à chercher plus longtemps le manuscrit qu'il convenait de couronner.

Un maître d'école a réuni autour de lui les enfants auxquels chaque jour il apprend à lire, à écrire, et à compter; il les a réunis pour leur enseigner une meilleure leçon et plus haute, pour leur dire toute la pitié douce, toute la forte et virile justice dont son âme est pleine. Il leur dit qu'il ne suffit pas de ne faire tort à personne, mais qu'il faut savoir aimer ceux mêmes qui nous persécutent; que la foi est libre et ne saurait s'imposer; que Dieu ne commande point d'opprimer personne. « Ceux qui ont persécuté au nom de la religion sont désavoués par la religion, comme ceux qui ont dressé des échafauds au nom de la liberté sont désavoués par la liberté. »

Il semble que ce soit un dialogue dont une seule voix nous arrive, le maître et les élèves sont unis en une étroite communion; on les sent se parler, s'interroger, se répondre. Ce n'est pas une œuvre abstraite et morte, c'est bien une leçon, une leçon où le maître a mis tout son cœur. La leçon est longue; bien des phrases nous étonnent et nous font sourire à demi, c'est que nous connaissons les dangers de cette morale désarmée, de cette morale de sacrifice, de douceur; c'est que nous savons bien qu'il est injuste de ne pas résister à l'injustice. Mais le désaccord n'est pas profond entre nous : c'est un cœur fort que ce cœur humble et modeste.

Chaque soir le maître sans doute ouvre sa Bible, et ne s'endort point sans avoir relu les paroles divines : « Heureux les miséricordieux, parce qu'on leur fera miséricorde !... Heureux ceux qui sont doux, parce qu'ils possèderont la terre !... Heureux les pacifiques, parce qu'ils seront appelés enfants de Dieu ! » Mais quelque part en son école il a fait afficher la Déclaration des droits de l'homme et du citoyen, et, lorsque un doute le prend, quelque lassitude, il lève les yeux, et voici ce qu'il voit écrit devant lui : « Art. I. Les hommes naissent et demeurent égaux en droits. Art. II. Ces droits sont : la liberté, la propriété, la sûreté et la résistance à l'oppression... Art. X. Nul ne doit être inquiété pour ses opinions, même religieuses... » Et il se prend à songer à ceux qui, par leurs souffrances, par leur mort, ont affirmé leur foi dans la liberté, leur inviolable respect pour leur conscience : c'est Socrate et c'est Galilée, ce sont les femmes qui gémirent quarante ans dans la tour de Constance, au bord des marais tristes ; c'est Bernard Palissy, qui ne veut pas acheter au prix d'une lâcheté le droit de mourir en paix ; il songe aux villages des Vaudois que des soldats grossiers ont saccagés et brûlés ; il songe aux enfants massacrés, aux femmes éventrées, — et c'est tout frémissant d'horreur qu'il vient dire à ceux qu'on lui a confiés pour en faire des hommes de lutter pour la liberté, de combattre pour la justice.

Mais le soleil s'est levé : tout le ciel rayonne de la splendeur rose du matin, l'air est doux à respirer, partout se traduit en signes éclatants l'infinie bonté de Dieu, et la haine, la colère, l'indignation du bon maître d'école se fondent en un élan d'adoration vers le Très-Haut. Il arrive près de ces petits qu'il lui faut nourrir de sa parole, et il ne peut que leur dire, comme le disciple aimé du Christ : « Aimez-vous les uns les autres, mes petits enfants ».

C'est ainsi, semble-t-il, qu'est né ce petit livre tout rempli de piété évangélique et de foi républicaine; ce petit livre naïf, à qui ses faiblesses mêmes, ses gaucheries, donnent un charme de plus, le charme enfantin des œuvres que le peuple a créées.

Mss. 167. — Le Sectaire engendre le despote. 45 p. in-8.

Ce manuscrit est une lettre adressée à M. Jules Simon. L'auteur se déclare son élève; on peut s'en étonner : il n'est pas à supposer en effet que ce soit dans les leçons de son maître qu'il ait puisé les théories qu'il défend. Si on le croyait sur parole, il serait le plus libéral des hommes, le plus tolérant; mais, à lire de plus près le manuscrit, on est pris d'un doute : il semble bien qu'en dépit des apparences, on ait affaire à un autoritaire; mais on ne sait pas si c'est au profit de l'Église qu'il exercerait son autorité ou au profit de la Révolution.

Le vrai défenseur de la liberté de conscience, c'est, d'après lui, le peuple (il faut entendre par là les ouvriers, semble-t-il). Or voici ce qu'il écrit lui-même : « Le peuple ne comprend qu'une chose :

« c'est qu'il est le maître et qu'il doit être libre...
« Le peuple a fusillé les généraux, parce qu'il ne « veut plus de guerre ; le peuple a fusillé les évêques, « comme il aurait fusillé les rabbins, les pasteurs « et les vénérables, parce qu'il ne veut pas de con-« trainte morale ; le peuple a fusillé les magistrats, « parce qu'il veut penser, parler et écrire à sa guise. » Il faut avouer que c'est là une singulière façon de comprendre la liberté de conscience, ou du moins de la pratiquer. Le libéralisme, tout au contraire, n'est point, semble-t-il, une vertu du peuple ; il faut pour être libéral n'être point tout entier sous la domination d'une seule image, d'une seule idée, il faut avoir l'habitude et le loisir de réfléchir. Certes les ouvriers n'aiment point qu'on les opprime ; ils tiennent passionnément à être libres, et ils aiment ardemment la liberté, mais la liberté qu'ils aiment, c'est d'ordinaire la leur, ce n'est pas celle des autres. Ils sont orthodoxes à leur manière, et impitoyables pour les hérétiques.

Il n'est pas de luttes plus acharnées que les luttes entre socialistes d'école opposée ; ils se décrient les uns les autres, ils se déchirent, ils se diffament ; ils se proscriraient peut-être s'ils pouvaient, et combien cependant ils sont voisins les uns des autres ! Du dehors on ne comprend pas toujours très bien ce qui les sépare ; il semble que ce soient fossés qu'un enfant sauterait à pieds joints, ce sont des abîmes étroits, mais si profonds qu'il ne se trouve pas de téméraire qui se hasarde à les franchir. Et quels cris, quelles clameurs, si un homme d'esprit ouvert, mal au courant de toutes ces menues querelles, voulait garder des amis dans les deux camps ! On aurait tôt fait de prononcer contre lui l'excommunication majeure ! Et l'on s'entendrait pour la prononcer ; les deux partis le regarderaient comme un traître, les deux partis le mépriseraient comme un transfuge.

Quand le peuple se montre tolérant, c'est qu'il a une égale indifférence pour toutes les opinions qui sont en présence. Et cela arrive plus souvent qu'on ne pense : il est mille choses dont le peuple s'est désintéressé ; peut-être ne s'est-il jamais intéressé beaucoup à ces choses-là. Mais les gens qui ont vécu en Languedoc savent ce qu'il faut penser du libéralisme des gens du peuple, et l'on surprendrait quelque peu un Israélite si on venait lui parler de la tolérance des paysans de Hongrie. Je sais bien qu'à interpréter les choses comme l'auteur du mémoire, on pourrait trouver là encore quelque manifestation puissante en faveur de la liberté de conscience.

Nous avons nous-mêmes grand peine à être tolérants, et nous employons toute notre jeunesse cependant à apprendre la tolérance. Tout nous l'enseigne, le milieu divers où nous vivons, les idées innombrables, venues de tous les coins du ciel, que nous apportent nos maîtres, les habitudes de critique, de réflexion qu'on s'efforce de nous donner et le doute qui naît en nous du conflit des doctrines.

Cet enseignement que la vie nous impose en dépit de nous-même, nos maîtres nous l'imposent à leur tour; ils nous prêchent la tolérance, la liberté, la justice! Comment veut-on qu'un ouvrier puisse atteindre aisément ce qu'un homme qui par métier réfléchit et pense ne conquiert qu'au prix d'efforts de tous les jours?

Croyants ou sceptiques, voilà les gens du peuple; mais libéraux! non pas. Croire que sa foi est la meilleure, et croire cependant qu'il faut ne pas l'imposer, croire qu'on a dans les mains la vérité, et saluer respectueusement l'erreur de son voisin, parce qu'il a le droit de se tromper, estimer à l'égal de soi ceux dont la croyance paraît absurde et peut-être dangereuse, est-ce donc là ce qu'on peut demander au paysan qui a poussé la charrue tout le jour ou au forgeron qui tout le jour a battu le fer sur l'enclume?

Si l'auteur du manuscrit a une confiance illimitée dans l'esprit libéral du peuple, il se défie étrangement du libéralisme et de la sagesse de ses représentants; il a la terreur de l'État. L'Etat, d'après lui, est un tyran; c'est l'oppresseur né des pauvres et des petits. Il impose ses doctrines et ses dogmes, et au-dessous de lui il y a toute une armée de tyranneaux, les fonctionnaires, qui font peser sur chaque commune du pays une oppression plus intolérable et plus odieuse encore. A cela l'auteur voit un remède : décentraliser, laisser chaque province se gouverner à sa guise. Mais il semble que s'il avait raison dans ses griefs contre l'État, le remède qu'il propose irait contre son but. Que seraient les provinces indépendantes ou autonomes dont il parle, sinon des États au petit pied, et qui tomberaient sous le coup des mêmes reproches?

Il nous semble, tout au contraire, que c'est l'État, le grand État centralisé, que ce sont les fonctionnaires de l'État qui, dans notre société moderne, peuvent le plus efficacement servir la cause de la liberté. N'est-ce pas dans une société étroite comme la commune que les conflits d'intérêt, les haines, les vanités froissées rendent plus aigres encore et plus violentes les querelles politiques ou religieuses? A Paris, où l'on ne se connaît pas, où l'on vit loin les uns des autres, on se rend mal compte de la tyrannie taquine des hobereaux de village et des grands-électeurs de chef-lieu de canton. L'épicier clérical, le menuisier républicain, le café où il ne faut pas entrer pour ne point devenir suspect, les gens de la Loge, qui regardent avec mépris les gens qui vont à la messe, les âmes pieuses, qui, scandalisées de tout, dénoncent le professeur de philosophie parce qu'il a dit que les rêves ne sont pas envoyés par Dieu, ce sont là les petites misères de la vie de province que connaissent tous ceux qui ont habité, ne serait-ce qu'un an, hors de la grande ville.

Le fonctionnaire vient de loin, il ne dépend pas des gens de la ville où il habite, il ne les connaît pas ou les connaît mal, il peut sans grand danger pour lui se mettre mal avec eux, il peut être juste; en tout cas, il n'a ni intérêt ni tendance à être activement persécuteur. Lui donnât-on de Paris les ordres les plus rigoureux, il les exécutera un mois, puis, par indolence, par indifférence, il en viendra à ne plus les exécuter, ou du moins à ne plus les exécuter qu'à demi; il faudra que les gens du pays l'y contraignent. Puis le gouvernement représente d'ordinaire une opinion moyenne; il est rare que des fanatiques se maintiennent longtemps au pouvoir : ils ont tôt fait de lasser les gens. Ce que dit l'auteur du manuscrit est juste en quelque mesure dans un pays soumis à un gouvernement personnel; cela ne l'est plus dans un pays où c'est l'opinion qui gouverne, l'opinion qui est plus tolérante, plus éclairée, plus douce que les petites passions et les petites colères des chefs de coteries locales.

C'est presque de politique que nous venons de parler, mais c'est un écrit politique que ce mémoire, presqu'un pamphlet. Ces quelques pages sont enlevées de verve, mais il ne semble pas qu'elles doivent servir beaucoup la cause que l'auteur veut défendre : on nuit aux causes que l'on défend avec autant d'aigreur.

Mss. 177. — C'est mettre des conjectures à bien haut prix que d'en faire cuire un homme tout vif. 27 p. in-4.
Catéchisme universel.

L'auteur est un vrai libéral; il a pour toutes les religions, pour tous les cultes, cette tolérance véritable, cette amitié de l'esprit que nous avons bien rarement rencontrée dans les mémoires qui ont été soumis à la Commission; mais cette tolérance se mêle d'une sorte de scepticisme, de ce scepticisme qui fait juger frivoles nos querelles et nos luttes pour des vérités que jamais nous ne pouvons atteindre, que nous ne pouvons qu'apercevoir de loin, deviner à peine, comme les hautes cimes des Alpes par les déchirures d'un brouillard de printemps. Puis que, sommes-nous dans l'univers? qu'est-ce que la Vérité de ces atômes qui errent sur un grain de sable emporté à travers l'espace infini? Notre conception du monde a changé; la science nous a enseigné notre néant, l'infini de petitesse où nous sommes confinés, l'infini de grandeur qui nous entoure et nous écrase; qu'importent à présent « les disputes d'Église à Église », ce sont choses insignifiantes dans le cours de la vie des mondes.

C'est de la religion, du rôle qu'elle a joué dans le monde, de celui qu'elle est appelée à y jouer encore, bien plus que de la liberté qu'il est question en ce court mémoire; peut-être est-ce, après tout, la bonne méthode. Ce n'est point en prêchant la liberté qu'on rendra les gens libéraux, mais en les amenant à penser ce que pensent les libéraux. Seulement je ne sais pas si nier la révélation, affirmer que tous les dogmes ne sont que les formes diverses que les hommes ont données à un sentiment éternel, montrer que le rôle de la religion va décroissant, je ne sais pas si tout cela gagnera beaucoup de croyants sincères à la cause de la liberté de conscience. Certes tous ceux qui penseront comme l'auteur et qui auront pour la foi des autres cette respectueuse et chaude sympathie qu'il éprouve, tous ceux-là seront des libéraux, mais auprès de ceux-là nous avons cause gagnée ; ce qui importe, c'est de rassurer les croyants, de leur montrer qu'il est de l'intérêt même de leur foi, de sa pureté, de sa sainteté, de rester une foi libre et vivante, une foi qui ne s'abaisse pas à la contrainte, une foi qui est assez forte, assez sûre d'elle-même, pour ne faire appel qu'à la bonne volonté des hommes et à la libre grâce de Dieu.

Tel qu'il est néanmoins ce petit livre peut rendre plus d'un service : il y a des fanatiques dans tous les partis ; c'est aux libres-penseurs fanatiques qu'il s'adresse tout naturellement ; il leur rappelera ce que quelques-uns feignent d'oublier, l'immense douceur qu'il y a, pour les âmes lassées et tristes, dans l'éternel dialogue où elles s'entretiennent avec Dieu. Le ciel serait-il vide, que leur joie, leur consolation, le réconfort qu'elles ont puisé dans leur foi, nous serait une suffisante raison de respecter, d'aimer presque des croyances qui font les malheureux plus vivants et plus forts.

Mss. 185. — Le monde ! Eh bien ! vivant quelque peu dans [sa sphère,
Avec lui sur ce point entre autres je diffère.
1 p. in-4°.

Ce mémoire est si court, que nous pouvons le transcrire presque en entier : « Le mot « liberté « de conscience » ne convient pas à l'idée qu'il a « pour but d'exprimer. La conscience humaine est « toujours libre : si la contrainte peut arracher à « la faiblesse de l'homme des actes ou des paroles, « aucune force physique ne peut lui imposer une « conviction. Quand on parle de liberté de con- « science, on songe à la liberté des actes qui sont « la manifestation extérieure des mouvements de « la conscience. La liberté qu'on nomme liberté de « conscience c'est la faculté de propager une doc- « trine philosophique ou religieuse quelconque « sans éprouver d'entraves à la pratique de sa « croyance. L'exercice de cette liberté consiste « dans la fréquentation ou la non-fréquentation « de certains lieux et dans l'accomplissement ou « l'abstention d'actes déterminés. Elle peut donc « se résoudre en des actes compris dans le domaine « de la simple liberté individuelle. »

Il semble, en conséquence, à l'auteur que la question est une question artificielle qu'il n'y a point lieu de se poser. Malgré l'apparence paradoxale de cette thèse, elle mérite, à ce qu'il nous paraît, qu'on y prête attention. Peut-être, en effet, vaudrait-il mieux ne pas séparer la cause de la liberté religieuse de la cause générale de la liberté, et dire seulement que la puissance publique n'a aucun droit d'interdire tels ou tels actes aux citoyens tant que ces actes ne causent pas à autrui de dommage matériel. On peut aller plus loin, et soutenir qu'aucun citoyen ne doit user de violences, de menaces ou de promesses pour empêcher un autre citoyen d'accomplir des actes que, livré à lui-même, il aurait accomplis, tant que ces actes ne sont pas de nature à nuire à autrui. Le droit de chacun se limiterait alors à dire : « Je crois telle manière de penser ou d'agir préférable à telle autre et pour telles raisons », et à s'efforcer d'amener les autres à son opinion.

La vérité, c'est que la liberté est, en dépit des apparences, la chose la moins commune qui soit au monde ; on ne la conquiert que par bribes et par morceaux, et la liberté entière des opinions et des actes n'est pas un principe général sur lequel on puisse s'appuyer, mais le terme que l'on s'efforce d'atteindre. L'une après l'autre, lentement, au prix de luttes qui sans cesse recommencent, on a arraché les libertés à la vieille société, qui ne les cède qu'à regret. La liberté scientifique a cause gagnée, la liberté de la presse est entière, peu à peu la liberté religieuse se fraye la route ; d'autres libertés passeront après elle par le chemin qu'elle aura ouvert.

Mss. 187. — L'homme est seul responsable de la valeur de sa conscience. In-4, 183 p.

C'est chose étrange comme il est aisé de ne point s'entendre soi-même et d'embrouiller comme à plaisir les questions qui sont les plus claires du monde. On veut mettre tout dans tout, remonter aux principes, aux origines; on bataille contre les mots, et, après une grande dépense de talent et de science, après bien des pages écrites, bien des arguments longuement déduits, on en arrive à accepter la solution acceptée de tous, et l'on se console en déclarant qu'elle est mauvaise. Nous ne voulons pas dire que toutes ces remarques s'appliquent à ce mémoire, mais elles nous venaient à l'esprit en le lisant.

Dans la thèse que soutient l'auteur, il y a deux choses : une querelle de mots et une théorie très particulière de la liberté religieuse. Il s'en prend à l'expression de liberté de conscience; elle est pour lui grosse de périls. Proclamer la liberté de conscience, c'est d'après lui faire de la fantaisie de chacun la règle de sa vie, c'est permettre à tous de croire et d'agir sans s'inquiéter de personne, sans consulter la raison. Ces polémiques sur l'origine rationnelle de l'idée de devoir, sur la lente formation de la conscience morale, sur les caractères de la loi morale, occupent sept chapitres (120 pages); l'auteur aurait pu s'épargner tant d'efforts s'il avait réfléchi que dans l'usage courant l'expression « liberté de conscience » est une expression conventionnelle et qu'elle ne signifie qu'une chose : le droit de chacun de pratiquer sa religion sans avoir à subir de persécutions; elle est synonyme de liberté religieuse ; elle ne veut rien dire de plus, ni rien de moins. Personne n'a jamais pensé que déclarer que la conscience est libre cela signifie qu'il ne faut plus d'enseignement moral ni d'enseignement religieux; personne, à notre connaissance du moins, n'a fait de liberté de conscience un synonyme de caprice.

La liberté de conscience, et c'est ce que l'auteur semble oublier parfois, est essentiellement une liberté civile; c'est une liberté comme la liberté d'aller et de venir, la liberté de s'associer ou de se réunir; c'est une liberté légale, garantie par la loi ou refusée par la loi. La liberté de conscience n'affranchit pas les gens des obligations que leur raison ou leur foi traditionnelle leur impose; on n'est pas libre vis-à-vis de son Église lorsqu'on est un croyant, et, croyant ou incrédule, on ne saurait s'affranchir de la vérité; on croit ce qu'on peut croire, on croit ce qui semble vrai, on ne se fait pas une vérité à son caprice.

La liberté de conscience, cela signifie l'incompétence du pouvoir civil en matière religieuse, sa résolution de n'appuyer jamais les prétentions exclusives d'aucune confession, c'est l'égalité de toutes les religions, de toutes les opinions, devant la loi civile. L'État n'a même point à se préoccuper de la sincérité des croyances, il doit protection égale à tous les citoyens qui ne violent pas la loi civile; qu'ils soient hypocrites ou sincères dans leur foi, peu lui importe, cela ne le regarde pas. Le pouvoir civil n'a jamais à se demander si une doctrine est vraie ou fausse, si ses conséquences sont bonnes ou mauvaises, mais si ceux qui la professent obéissent aux lois; l'État est chargé de la police des rues, il n'est pas chargé de la police des consciences.

Il ne semble pas que ce soit l'avis de l'auteur du mémoire; il n'aime guère mieux l'expression de « liberté religieuse » que celle de « liberté de conscience ». Il est bien obligé de reconnaître que dans nos sociétés modernes la tolérance est une nécessité (peu s'en faut qu'il ne s'emporte contre ceux qui le contestent), mais cette nécessité, il la regrette, il la déplore, et c'est de tolérance seulement qu'il s'agit cependant, d'une tolérance toujours précaire, que l'État est en droit d'exercer ou de n'exercer pas. « La liberté religieuse doit être comprise non « comme un droit, mais comme une tolérance. Cette « tolérance, dans l'état actuel des esprits, est néces- « saire, et le sera encore pendant un temps indéter- « miné; elle a des limites variables avec le degré de « foi aux croyances religieuses. Le gouvernement « des sociétés, en se conformant à l'opinion pu- « blique, a seul qualité et puissance pour imposer « cette tolérance, en fixer les limites et les faire « respecter. »

Il semble au reste que de ce droit, même ainsi restreint et amoindri, l'auteur ne soit pas disposé à en faire bénéficier également tout le monde. Le droit de penser librement n'appartient, d'après lui, qu'à ceux qui ont éclairé leur esprit par tous les moyens dont ils disposaient. Si on laisse à chacun le droit de propager ses croyances, simplement parce que ce sont ses croyances, on transforme la conscience de chacun en un souverain qui n'a de comptes à rendre à personne. La seule méthode par laquelle on puisse atteindre la vérité, c'est la méthode rationnelle, c'est-à-dire celle qui repose sur l'emploi de l'observation et du raisonnement vérifiés par l'expérience; seuls, les hommes qui se servent de cette méthode ont le droit d'exprimer librement toute leur pensée, parce que seuls ils se sont acquittés du devoir qui est le fondement logique de ce droit.

Il est fort possible que l'auteur ait raison, et que la seule bonne méthode scientifique soit la méthode expérimentale, qu'il appelle méthode rationnelle; mais cela ne regarde pas l'État; l'État n'est pas logicien de son métier, pas plus que théologien. Beaucoup de bons esprits au reste ne sont point convaincus que les questions religieuses et morales doivent être traitées comme des questions de physique ou d'histoire; peut-être ont-ils tort, mais c'est leur droit incontestable de penser comme ils pensent, et l'on peut se demander s'il est bien sensé de s'adresser au Parlement ou au ministère pour trancher le débat. Les gens ont le droit de se tromper, les gens ont même le droit légal de se tromper volontairement et de nier l'évidence. On poursuit les calomniateurs et les fabricants de fausses nouvelles parce que leurs inventions peuvent causer un dommage matériel à certaines personnes, on ne les poursuit pas parce qu'ils mentent; cela est si vrai que les diffamateurs sont poursuivis comme eux, et ne sont point autorisés, à moins qu'il ne s'agisse d'un fonctionnaire, à faire la preuve.

Le domaine de l'État est essentiellement un domaine matériel; là il est souverain. Si des mesures d'hygiène ou des règlements de police générale choquent la conscience des personnes qui sont attachées à telle ou telle confession religieuse, il faut néanmoins qu'elles s'y soumettent; on ne peut modifier sans cesse la loi pour l'adapter aux opinions de tel ou tel groupe de citoyens. Il peut arriver aussi que la politique économique de l'État soit nuisible aux intérêts d'une corporation religieuse; mais il appartient à la société civile de régler les questions de propriété, c'est là un domaine où la religion ne saurait pénétrer. Aux religions d'indiquer comment il convient d'adorer Dieu; à l'État seul le droit de déterminer à quelles conditions peuvent être possédées et transmises les terres et les valeurs. C'est là la vraie séparation des pouvoirs, du spirituel et du temporel. Si l'État est autorisé à intervenir parfois dans les affaires de la religion, ce n'est jamais au nom d'une doctrine qu'il peut agir, mais seulement pour défendre sa propre souveraineté ou la liberté des citoyens contre les entreprises de domination d'une Église ou d'une congrégation.

Jamais l'État ne peut devenir juge de la vérité; il ne saurait se prononcer entre deux doctrines rivales. Aussi est-il tenu de laisser à tous la liberté, la pleine, l'entière liberté de croire ce qui leur semble vrai et de pratiquer ce qu'ils croient. Aucun gouvernement moderne, quoi qu'en dise l'auteur, ne s'est avisé de règlementer les conditions de la recherche scientifique; on ne peut admettre davantage qu'il mette des entraves à la propagation d'une doctrine religieuse ou morale, et il ne nous semble pas qu'aucun esprit libéral puisse souscrire à des affirmations comme celle-ci : « Le « danger naît de la propagation de l'idée, de l'in- « citation à la mettre en pratique, des termes dans « lesquels on le fait, des moyens qu'on préconise « pour y arriver. Ce sont là des actes publics, qui « peuvent nuire à tous s'ils ne sont pas accomplis « dans des conditions déterminées. Tous ont le « droit de s'opposer à ces actes, et c'est là le de- « voir du gouvernement, qui représente tout le « monde. Le gouvernement doit-il attendre que le « mal soit fait pour le punir? Il y est bien forcé « lorsqu'il ne peut d'aucune façon prévoir les con- « séquences bonnes ou mauvaises d'une idée nou- « velle, jamais quand ces conséquences sont con- « nues, ce qui est en somme le cas général. »

Le rétablissement de cette espèce d'inquisition est fait pour inquiéter; c'est une inquisition laïque, mais la domination des mandarins est aussi pesante que la domination des prêtres. On ne saurait pas plus imposer le libre examen et la méthode critique que la foi à l'infaillibilité du pape ou à l'inspiration littérale des Écritures. L'auteur est amené à ces conceptions, qui paraissent bien anciennes sous le vêtement moderne dont il les a enveloppées, par la passion de l'unité. Il est attristé, indigné à demi de ce que les esprits restent divisés sur toutes les hautes questions qui forment le fond commun des diverses religions et des diverses morales. Il avait là une excellente occasion d'appliquer la méthode qu'il loue à toutes les pages, la méthode d'observation; il aurait constaté que les hommes ne peuvent s'entendre que sur des questions de fait, que l'idéal a toujours été multiple et divers, et peut-être serait-il arrivé à penser que cette variété vivante des dogmes, c'est la condition même de tout progrès et de toute vérité.

Mss. 194. — Il n'y a que la liberté d'agir et de penser qui soit capable de grandes choses, et elle n'a besoin que de lumières pour se préserver des excès. 265 p. in-8. — L'Apôtre, roman.

Voici encore l'œuvre d'un homme de foi profonde. Sa foi, c'est la libre-pensée; entendez par là la négation du surnaturel, ou du moins de la révélation. Son héros est un missionnaire de la religion nouvelle. Il se voue tout entier à la tâche qu'il s'est assignée. C'est un apôtre avec toutes les grandeurs, toutes les faiblesses, toutes les violences, toutes les misères héroïques des apôtres. Mais l'Évangile qu'il s'en va prêchant par le monde, ce n'est pas l'Évangile de la liberté; sa doctrine est aussi dogmatique que celle de Calvin, si elle est moins précise. Il est déiste, il prêche le déisme; il le prêche comme on pourrait prêcher Jésus crucifié, ou Cakya-Muni, le doux maître dont la parole brise les liens de désir et de souffrance qui nous enchaînent à la vie. Il est tolérant certes, il défend avec éloquence les droits sacrés de la conscience; mais dans sa lutte contre le catholicisme, il n'est pas dirigé par le seul amour de la liberté. Il combat la doctrine catholique, il la combat au nom d'une doctrine adverse, il fait œuvre de réformateur.

Il est étrange que tant de gens confondent la cause du libre-examen et la cause de la liberté de conscience, et qu'ils les rendent solidaires l'une de l'autre. On peut admettre une révélation surnaturelle, et admettre en même temps qu'on ne saurait imposer par la force la croyance à cette révélation. On peut rejeter de son esprit la foi à tout surnaturel particulier, et penser que, cette négation, il faut bon gré mal gré la faire accepter de tous. Libéral et libre-penseur ne sont pas des termes synonymes. Ce qui importe avant tout, si l'on veut ne jamais opprimer personne, c'est de n'être pas trop de son propre avis.

La thèse tient une si large place dans ce roman, que les événements sont à l'étroit, comme à la gêne; les caractères ne peuvent se développer à leur aise. Si l'auteur avait été plus libre de préoccupations dogmatiques, son livre eut eu plus d'aisance et plus de puissance aussi; les très réelles qualités de forme dont il a fait preuve en certaines pages permettent de penser qu'il ne lui eût point été très difficile de faire une œuvre vigoureuse et vivante.

Mss. 197. — Ceci est un livre de bonne foi. In-4. 2 cahiers, 186 et 79 p. — L'Intolérance. Le Mal. Les Remèdes.

L'auteur n'est point un optimiste, il s'en faut : à ses yeux, l'intolérance n'a pas diminué, elle n'a fait que changer de forme. « Il n'y a plus de bû-« chers, plus de tortures, plus de lettres de cachet; « ce sont là des moyens usés; ils ont fait leur « temps, et on les a remplacés par des procédés « nouveaux, qui, pour être moins barbares, ne sont « ni moins injustes, ni moins révoltants. Nous « avons encore une inquisition, mais une inquisi-« tion savante, raffinée. Elle ne confisque pas les « biens, car la loi s'y oppose; en revanche, elle « confisque les places. Ne pouvant atteindre tout « le monde, elle frappe seulement quiconque se « trouve à sa portée. Impuissante contre le riche « qui vit de ses revenus, elle se retourne contre « le pauvre qui a dû accepter des fonctions pu-« bliques. En réalité, l'intolérance est partout.

« Elle est dans la famille, dont elle divise les mem-
« bres au lendemain même du mariage. Elle est
« à l'école, où l'on apprend plus souvent le mépris
« que le respect de l'opinion d'autrui. Elle est dans
« les administrations, qu'elle désorganise en sub-
« stituant les aptitudes dites politiques aux apti-
« tudes véritables. Elle est enfin dans la société
« tout entière, où elle forme des États dans l'État,
« entretenant des haines de tout genre. »

L'intolérance est, pour l'auteur, une tendance fondamentale de notre nature qui doit se retrouver à des degrés divers chez tous les hommes; c'est une forme de l'égoïsme, un besoin de nous affirmer nous-mêmes et de nier tout ce qui constitue l'âme des autres, leurs croyances, leurs traditions, leurs aspirations, leurs désirs. C'est un égoïsme plus abstrait, plus intellectuel que l'égoïsme vulgaire, aussi mesquin parfois sous son apparente grandeur. L'orgueil, cet orgueil surtout qui se cache sous un manteau d'humilité, la conviction que l'on est un juste et que les autres n'ont point à attendre miséricorde, à moins qu'ils ne se dépouillent de leur moi et ne deviennent semblables à vous, voilà ce qui fait de la plupart des hommes les ennemis-nés de la liberté.

Ceux mêmes qui souhaiteraient de devenir tolérants en sont empêchés par leur étroitesse d'esprit; ils ne comprennent pas les doctrines, et ils s'indignent contre les hommes qui les professent. Il est peu d'esprits qui ne soient tourmentés d'un désir passionné d'unité; il y a chez presque tous les hommes comme un impérieux appétit d'uniformité, un besoin qu'il leur faut satisfaire coûte que coûte. Ils ne peuvent imaginer que la vérité soit multiple et changeante, qu'elle ait mille aspects divers qu'aucun œil humain ne peut saisir tous ensemble; ils se révoltent à la pensée qu'on désire autrement qu'eux-mêmes, que l'on rêve par de là le tombeau une vie peuplée de joies qu'ils ne goûtent point; ils ne permettent pas que l'on adore une autre image de l'Eternel que celle qu'ils ont taillée de leurs mains.

L'intolérance ne prend pas nécessairement une forme religieuse : de classe à classe, on se soupçonne et l'on se hait; entre les partis l'abîme est plus profond qu'entre les confessions religieuses. Et dans ce domaine la force des choses rend les luttes plus inévitables encore. Il y a place pour tous dans le grand ciel resplendissant de l'idéal; il y a place pour toutes les croyances, il y a place pour tous les Dieux, ils sont comme les rayons sacrés de l'Infini. Mais il faut bien que ce soit ceux-ci ou ceux-là qui gouvernent; il faut que cette terre appartienne à Jean ou à Pierre, au prêtre ou au paysan; il faut que les bénéfices de l'usine reviennent exclusivement au patron ou que les ouvriers en aient leur part.

D'après l'auteur, l'intolérance est de nos jours essentiellement une intolérance politique, du moins en France. Demain la lutte ne sera même plus entre les partis, mais entre les classes. Toutes les distinctions se seront effacées devant la distinction qui domine toutes les autres, celle qui partage un pays, comme jadis les cités de l'ancienne Grèce, en pauvres et en riches.

Mais il s'en faut encore de beaucoup que nous en soyons là, et il nous semble que l'auteur abonde dans son sens plus qu'il ne conviendrait, lorsqu'il soutient que les querelles religieuses ne sont plus qu'une apparence vaine, que le fond du débat c'est toujours un intérêt politique. Si les passions religieuses étaient tellement endormies, on n'en tiendrait pas si grand compte. Que les hommes politiques se servent de ces passions, c'est la meilleure preuve qu'elles existent encore. On les entretient artificiellement, je le veux bien, mais encore y réussit-on; et si elles étaient mortes, comme le prétend l'auteur, il faudrait de bien habiles thaumaturges pour les ressusciter ainsi à toute heure. La vérité, c'est que l'Eglise n'a abandonné aucune de ses prétentions, et que beaucoup de ses adversaires souhaitent de voir s'écrouler et s'en aller en poussière sous les coups du vent le grand édifice catholique.

Il ne faut pas se dissimuler que l'intolérance est faite en grande partie d'impuissance; on ne pardonne guère à ce que l'on ne comprend pas, et il est bien peu d'esprits qui puissent, à un même moment de leur vie, penser plus d'une doctrine. On a dans ses dogmes familiers une réponse aux mille questions qu'à toute heure la vie ou la science contraignent à se poser; la paresse naturelle s'accommode aisément des solutions toutes faites. Certains évolutionnistes de profession n'ont à la bouche que la sélection naturelle et la lutte pour la vie, ils les font intervenir à tout propos; ce sont pour eux des clefs qui ouvrent toutes les serrures, et ils raillent ou ils insultent ceux qui veulent comprendre et ne tiennent point les mots pour des raisons.

C'est là le grand secret des querelles artistiques ou littéraires : le grand artiste est dominé par son œuvre; il est, si j'ose dire, halluciné par un idéal, il n'en peut plus admettre d'autre, il n'en peut plus concevoir; les disciples suivent le maître, et la foule inconsciente applaudit ou siffle. Les hommes qui admirent également les œuvres de deux écoles opposées sont bien rares. C'est qu'il faut se faire deux âmes, il faut vivre de deux vies, et l'esprit de la plupart des hommes présente une étrange unité. Au cours d'une longue vie, chacun de nous a été plusieurs, mais presque tous n'ont jamais été à la fois qu'un seul.

Peut-être les hommes à l'âme multiple dont nous parlons seraient-ils moins encore que d'autres arrêtés par des scrupules ou des dogmes anciens, s'ils étaient tentés d'imposer par la force ce qu'ils pensent! Mais cette tentation, ils ne sauraient l'éprouver; ils ne sauraient devenir persécuteurs sans être contraints de se persécuter eux-mêmes.

Aussi nous semble-t-il qu'il faut tenir grand compte des causes intellectuelles de l'intolérance, et que l'auteur n'a pas toujours vu très juste lorsqu'il a ramené à des conflits d'intérêts des luttes dont les mobiles sont, malgré les apparences, des mobiles désintéressés. Il est très vrai qu'à côté de ces mobiles il en existe d'autres; mais il serait certainement d'un observateur très superficiel de nier l'action profonde des croyances et le trouble qu'elles peuvent mettre dans une vie. Dans la famille, la politique n'intervient guère entre le mari et la femme; si bien des paysannes poussent leurs maris à voter contre la république, ce n'est pas par admiration pour la monarchie constitutionnelle, mais parce qu'on leur a dit que la république persécutait les prêtres.

Il est bon de ne pas se faire trop d'illusions sur la sincérité des hommes, mais à trop craindre d'être dupe on court risque de se duper soi-même. Il arrive souvent que les motifs que l'on donne pour justifier sa conduite soient au nombre de ceux qui vous ont réellement fait agir. Personne ne doute que, si le parti républicain a mis tant d'ardeur à laïciser les écoles, ce ne soit dans un intérêt politique; mais je crois que l'auteur affirme un peu plus qu'on ne peut croire lorsqu'il soutient que le gouvernement de la République s'est désintéressé de l'enseignement, et que l'instruction du peuple n'est pour lui qu'un prétexte à prosélytisme politique. Tous les gouvernements démocratiques se sont préoccupés de l'instruction populaire en ce siècle-ci, on ne voit aucune raison pour que le gouvernement de la République française fasse seul exception.

Cette intolérance que l'auteur retrouve partout, l'esprit d'association la fortifie encore d'après lui. Il y a deux hommes en chacun de nous, dit-il : l'un qui est nous-même, et l'autre qui est un membre du corps où nous sommes engagés. C'est le premier seul qui peut devenir tolérant, l'autre par profession est un fanatique. On ne peut être prêtre ou républicain, catholique ou protestant, et rester juste, parler avec modération de ceux qui ne servent pas les intérêts de notre parti ou de notre Église. Je ne sais où a vécu l'auteur, mais il me souvient d'avoir connu des prêtres qui ne maudissaient pas la République, des républicains qui croyaient à la vérité des dogmes de l'Eglise, et qui le disaient, des protestants qui déclaraient du haut de la chaire qu'il y a des enfants de Dieu partout, et à Rome comme à Genève. Le mal est grand sans doute, mais les choses ne sont point aussi désespérées qu'il semble à l'auteur de ce mémoire. Il serait imprudent de croire que la liberté de conscience a cause gagnée auprès de tous, mais je ne pense pas que l'on puisse soutenir que nous ne sommes pas plus avant dans la voie de la tolérance que nos pères du XIIIe siècle.

Quels sont les remèdes à ces maux dont nous souffrons? Et d'abord, y a-t-il lieu d'en chercher?

N'est-ce point la vie même qui nous rend tolérants malgré nous, les multiples relations où nous sommes engagés, et qui font se briser les cadres anciens, trop étroits maintenant ? Malgré notre hostilité contre les idées des autres, il nous faut bien avouer que leurs idées sont aussi les nôtres, que nous sommes des échos qui se répètent les uns les autres, que pendant des heures nous pouvons causer avec nos adversaires sans les blesser ni nous blesser nous-mêmes si nous évitons quelques sujets prudemment réservés. C'est un éducateur un peu rude parfois, mais un éducateur puissant que la vie; elle nous transforme lentement, sans que nous le sachions nous-même, elle nous contraint à supporter ce que nous déclarions la veille insupportable, à serrer la main de gens que nous étions décidés à ne pas saluer. La loi égale pour tous sous laquelle il nous faut vivre nous donne, elle aussi, des leçons de tolérance : des gens qui ont les mêmes droits que nous, qui votent comme nous votons, qui paient les mêmes impôts, qui ont dû, comme nous, coucher à la caserne et porter le fusil, comment croire qu'ils soient autres que nous mêmes? Mais il est des moyens plus directs, quoique peut-être moins puissants, d'agir sur l'esprit des hommes. On peut leur enseigner la tolérance, on peut surtout modifier la forme de leur intelligence, lorsqu'ils sont encore des enfants. Cela ne suffit pas cependant, il faut, par dessus toutes choses, leur apprendre à aimer, à s'oublier eux-mêmes; c'est là, pense l'auteur, le vrai principe de la tolérance.

Tel est ce mémoire, tout rempli d'idées et d'analyses. Le ton trop dogmatique de l'auteur, le point de vue exclusif où il s'est placé, la forme lourde et traînante de son ouvrage, ont empêché la Commission de porter sur le manuscrit le jugement favorable auquel elle était tout d'abord disposée.

Mais il y a là un travail considérable qu'il serait fâcheux de laisser sans emploi; on pourrait, avec quelques corrections de forme, faire de ce manuscrit un livre utile, qui mettrait en pleine lumière bien des dangers que souvent on affecte de ne point voir.

Mss. 203. — Vitam impendere vero. In-8. 119 p.

Lorsque pendant quelques heures, on a feuilleté ce manuscrit, il semble qu'on soit transporté dans un monde très ancien, un monde lointain et vieux, où les mots n'ont pas le sens qu'on leur donne autour de nous, où l'on parle gravement, comme si elles étaient vivantes, de choses que nous pensions mortes depuis longtemps. Nous lisons des phrases comme celle-ci : « Passons maintenant aux crimes « de magie, sortilège, enchantements, divination, « astrologie judiciaire, et de nos jours phrénologie, « *physiologie*, cranioscopie, hypnotisme, magné- « tisme, spiritisme, nécromancie, etc. ». Il n'est question que de for intérieur, de for extérieur, de pouvoir des clefs, c'est la langue théologique de l'École; à chaque page des citations latines de l'Écriture. C'est Dieu même, dit l'auteur, qui a fondé la liberté de conscience; il a proclamé dans l'Ancienne Alliance le droit pour l'homme de choisir entre le bien et le mal : « Je prends à témoin le ciel et la terre que je vous ai proposé la vie et la mort, la bénédiction et la malédiction; ... choisis la vie afin que tu vives, toi et ta postérité. » (*Deutéron.*, XXX, 19). Cette doctrine de liberté, on la retrouve dans les paroles du Maître, dans les lettres des grands Apôtres. « Nul n'a le droit de comman-« der à l'homme que Dieu seul, et encore l'homme « a-t-il le pouvoir, la liberté, pouvoir et liberté que « Dieu lui-même respecte en cette vie, de désobéir, « et de se conduire ou de penser comme il l'entend. « ... J'ai, de par Dieu même, dans mon for inté-« rieur, le droit absolu, imprescriptible, ... de « croire ou de ne pas croire, de maudire ou de bé-« nir, d'être chaste ou impudique, pieux ou impie, « d'embrasser ou de répudier successivement toutes « les religions, tous les cultes, ou même de n'avoir « aucune religion, aucun culte. ... Et ce droit, je « puis l'exercer librement à chaque instant de ma « vie; et ni l'ange, qui n'a aucun droit à mon obéis-« sance, ni l'homme, de quelque dignité qu'il soit « revêtu, de quelque autorité civile ou religieuse « qu'il soit investi, n'a le pouvoir, non pas même « de me demander compte de l'exercice que j'ai « fait de ma liberté de conscience, mais seule-

« ment d'essayer de lire au fond de mon âme. »

La liberté n'est pas moins grande au for extérieur qu'au for intérieur. Il résulte des principes posés par le Christ qu'aucune peine temporelle n'est applicable en ce monde à ceux qui commettent les crimes d'incrédulité, d'impiété, d'hérésie ou d'apostasie. La société civile seule peut infliger des châtiments à ceux qui commettent des actes contraires à la sûreté publique ou à la morale. Les seules peines dont dispose légitimement l'Église en ce monde sont des peines spirituelles ; Dieu se réserve de punir dans l'autre vie ceux qui auront violé sa loi. Le pouvoir des clefs se réduit à ceci : remettre les péchés ou les retenir ; ce pouvoir appartient à tous les successeurs des Apôtres, mais c'est un pouvoir tout spirituel, qui ne s'applique légitimement qu'à la vie religieuse et morale, à la vie intérieure. Les hommes peuvent penser comme il leur plaît en ce qui concerne les choses du siècle sans que l'autorité ecclésiastique ait le droit d'intervenir : propriété individuelle ou collective, famille, forme du gouvernement, souveraineté temporelle, suffrage universel, enseignement, relations entre l'État et la société religieuse, autant de questions que l'Église doit ignorer.

Jésus a professé l'humiliation et la pauvreté ; c'est par l'amour que le Rédempteur crucifié a fondé le royaume de Dieu. « Venez, pontifes, s'écrie « l'auteur, venez, princes de l'Église, venez me « montrer, du haut de cette croix d'ignominie que

« vous prêchez et que vous devez annoncer à toute « la terre, les palais que l'Homme-Dieu a habités « durant sa vie, ... les royaumes qu'il a voulu sou- « mettre à son autorité. Montrez-moi les dais de « pierreries sous lesquels il a marché dans ses « courses apostoliques, montrez-moi son trône, « sa cour, ses gardes, ses ministres, ses armées. « Montrez-moi seulement un petit coin de terre « qu'il ait possédé, lui le maître du ciel et de la « terre ! ... Et cependant, pour la dignité de l'Église, « il faut des princes, il faut des rois, il faut des « pontifes, il faut des armées, il faut des laquais, « il faut des équipages. Point de dignité, et par « conséquent point de vertu aux yeux de l'Église, « point de dignité sans voitures à deux chevaux, « sans robes de pourpre, sans laquais poudrés ! « Point de dignité sans dais d'or, sans mitres d'or, « sans tiare d'or, pour remplacer la couronne d'é- « pines de Jésus ! sans sièges d'or, pour remplacer « la croix de bois du divin Crucifié ! »

Le Seigneur a en haine les gloires de la terre ; il veut que ses ministres soient des ministres de charité, au cœur humble et patient, morts au monde et à la chair ; les choses du siècle ne les regardent point ; ils doivent obéir aux magistrats, obéir aux lois, se souvenir que les puissances viennent de Dieu, et que le royaume de leur divin Maître n'est pas de ce monde, c'est le royaume des pauvres en esprit qui ont fait abnégation de toutes choses, qui ont mis leur joie dans leur obéissance aux commandements du Père céleste.

L'Église romaine n'est pas restée fidèle aux enseignements de la primitive Église ; elle a fait peser sur les peuples un joug de fer, et c'est sa tyrannie même, sa tyrannie qui mentait à l'esprit de l'Évangile, qui a semé en eux l'esprit de schisme et de révolte. Si le clergé a opprimé les consciences, s'il a persécuté toutes les âmes affamées de liberté, c'est qu'il aspirait à établir sa domination temporelle, c'est que les papes s'étaient imaginé que les clefs de Pierre n'étaient point seulement les clefs du ciel, mais les clefs aussi des royaumes de la terre. Mais l'affranchissement est venu : sous les coups de Jean Huss et de Luther, la puissance des papes s'est écroulée, et pendant un siècle la guerre a déchiré l'Europe ensanglantée. La cause de la liberté frayait sa voie lentement, et, malgré la mauvaise volonté des princes et des rois, malgré l'Inquisition d'Espagne et la révocation de l'Édit de Nantes, l'aurore des temps nouveaux s'est levée radieuse en 1789.

Ce qui surprend quelque peu, c'est la rigoureuse orthodoxie de ce libéral intransigeant : il interdit à l'Église toute ingérence dans la société civile, c'est à peine s'il lui permet de se mêler de morale sociale, mais il s'incline docilement devant ses décisions dogmatiques ; il est attaché à ces pasteurs qu'il malmène si rudement, on sent qu'il n'a pour les croyances des protestants et des juifs qu'un respect abstrait, qu'il est resté catholique, étroitement catholique, et que c'est l'amour même de son Église qui l'a entraîné au violent réquisitoire qu'il dirige contre elle.

Aucune idée de ce temps-ci n'a pénétré dans son esprit; son libéralisme est de date et de forme ancienne, comme sa foi. Il semble qu'il ait plus l'amour que le sens de la liberté; bien souvent ce qu'il enlève à l'Église, c'est pour le donner à l'État. Il s'indigne contre la théocratie, contre les prêtres qui veulent s'asservir la société civile; mais on pourrait se demander s'il n'a pas gardé un peu de l'esprit des parlementaires du XVIIIe siècle et si son but ce n'est pas d'asservir le clergé aux autorités civiles. Il parle sans cesse de la séparation des deux pouvoirs, du spirituel et du temporel, et il semble les mal distinguer lui-même; il laisserait volontiers l'État se mêler de choses où il n'a que faire, de doctrines, de dogmes, d'excommunication même. Le clergé est maître chez lui; ce qui touche l'autre vie ne regarde point les magistrats: ils doivent s'occuper des propriétés des gens et non de leurs consciences.

Il semblerait vraiment que dans une société comme celle qu'imagine l'auteur tout le monde aurait le droit d'être libre, sauf les prêtres. Il est si profondément catholique qu'il ne peut arriver à se figurer que pour la société civile un prêtre soit un citoyen comme les autres; il est cependant certain que la qualité sacerdotale d'un homme n'a de valeur que pour les fidèles de sa religion; ceux qui ne voient point en lui un ministre de Dieu ne peuvent admettre qu'il soit traité autrement que ses concitoyens. L'auteur a raison, « et le clergé n'a aucunement le droit de se plaindre de ce qu'on l'enferme dans les limites de son ministère sacré » ; mais les prêtres sont des individus, et en tant qu'individus ils ont les mêmes droits que les autres individus; l'État n'a point à s'inquiéter s'ils appartiennent ou n'appartiennent pas à une corporation religieuse.

Que l'État subventionne les diverses Églises, qu'il exerce un contrôle sur les agissements du clergé pour que le clergé ne redevienne pas un corps politique, rien de mieux; mais que les deux domaines, religieux et civil, restent fermés l'un à l'autre, que l'État ne s'inquiète pas des opinions, ni des fonctions religieuses des citoyens; c'est en ce sens que la séparation des Églises et de l'État est la condition même de toute liberté. Un État ne peut rester un État libre que s'il est un État laïque, un État où la loi ne sait pas s'il y a des confessions religieuses, ni même des religions. Traiter le clergé comme une caste séparée qui vit à côté et en dehors de la nation, ce n'est pas faciliter la réconciliation de l'Église avec la société moderne. Positive ou négative, on ne saurait exiger des électeurs une confession de foi; on ne saurait pas plus interdire à un prêtre d'être député qu'à un journaliste ou à un avocat; pour l'État, il n'y a ni prêtres ni laïques, il n'y a que des citoyens.

L'auteur du mémoire est hanté par les idées

d'autorité; l'autorité qu'il arrache à l'Église, il la donne à l'État, et il le transforme en un effrayant instrument de tyrannie intellectuelle. Il lui donne le monopole de l'enseignement : il n'y aura plus d'autres écoles que les écoles de l'État, il n'y aura plus d'autres maîtres que ceux que l'État aura choisis. Ces maîtres, dans toutes les écoles de France, dans tous les lycées, dans toutes les chaires des facultés, professeront les mêmes doctrines; c'est l'État qui les aura choisies, qui en aura fixé l'interprétation. Les catholiques et les athées seront courbés sous le même joug ; au catholicisme d'État aura succédé le spiritualisme d'Etat, aura-t-on gagné au change? Ce n'est pas tout : le programme serait rédigé par des évêques, des pasteurs et des rabbins en collaboration avec des universitaires; un catéchisme général et national, élaboré par cette commission serait imposé aux écoles; l'union serait complète entre les Églises et l'État, il n'y aurait plus une chaire libre sur le sol français. Et l'auteur traite « d'hallucinés de la liberté » ceux qui repoussent son système!

Ce mémoire est fortement pensé, composé avec un art véritable; c'est l'œuvre d'un théologien catholique, passionnément attaché à la République. La langue est souvent très belle et très pleine; elle atteint parfois à une véritable éloquence. Mais cette dialectique, cette conception libérale et autoritaire à la fois des rapports de la société religieuse et de la société civile, cette instruction étroite et forte, cette incuriosité de la pensée d'autrui, tout cela n'est pas de notre temps; l'auteur en est resté au XVIIIe siècle, il a gardé le tour d'esprit d'un député à la Constituante; il semble qu'il porte encore l'habit carré et la culotte courte; cela étonne et surprend quelque peu en 1889.

Mss. 211. — Qui ne sait pas tolérer les intolérants n'a pas le droit de se dire libéral. In-4. 114 p.
Centenaire de 1789. Fanatisme et tolérance.

Rien n'est plus habile quand on aspire à la domination que de la réclamer au nom de la liberté. On a pour soi les libéraux, et ce sont de précieux alliés : ils vous ouvrent la place, et l'on a vite fait de les en chasser quand on s'y est solidement installé. L'auteur du mémoire accuse le parti républicain d'avoir, depuis dix ans, fait officiellement campagne pour l'athéisme; il ne tarit pas en protestations indignées et superbes contre les violateurs de la liberté de conscience, contre les tyrans! Est-ce pour la liberté toute seule qu'il combat, pour l'indépendance sacrée de la conscience?

Les droits des citoyens méconnus, l'égalité devant la loi devenue une formule vaine, l'article 7, les décrets de mars, sont dans la bouche de l'auteur des arguments infiniment habiles; il sait les employer avec un à-propos, une adresse extrêmes, il sait même être éloquent. Mais au bas d'une page, on lit : « L'État a le droit d'avoir son école à lui, mais « à condition que cette école soit catholique, parce

« que la majorité de la nation est catholique ». Il ajoute bien qu'il faut que l'école soit tolérante, mais le point essentiel c'est qu'elle soit catholique.

Il professe le culte de l'unité religieuse, il ne dissimule pas ses regrets : « Les meilleures choses brillent un jour et s'évanouissent... Tu ne vaux pas l'unité, ô tolérance ! » Le XVIIe siècle est le siècle de ses préférences : « Tout fut grand, même les fautes ». Il n'a point assez de mépris pour le XVIIIe : « Un siècle de philosophes? Non, mais de sophistes ! « Il a prodigieusement vieilli..., il a vieilli si vite, « parce qu'il est passionnément faux..... Ces tristes « grands hommes infectèrent leur temps de leur « scepticisme frivole et moqueur. »

Il condamne presque en entier l'œuvre de 1789. Aussi la critique très vive qu'il fait de la politique religieuse de la troisième République perd-elle une bonne part de sa valeur ; il ne dit pas un mot de la situation qui a conduit le parti républicain aux mesures et à l'attitude qu'à tort ou à raison il a jugé bon d'adopter. Ses reproches les mieux fondés sont faits sur un ton d'amertume et de malveillance; son œuvre n'est pas une œuvre impartiale, c'est un réquisitoire, presque un pamphlet. « Le clergé, dit-il, ne fait de politique que lorsque la politique l'inquiète et le tourmente. » Il semble que l'auteur ait un peu oublié l'histoire, l'histoire de la Restauration en particulier. La masse du clergé est peut-être indifférente à la forme du gouvernement, et encore cela n'est-il pas certain, mais c'est parce que le clergé n'a qu'une politique, travailler par tous les moyens à asseoir la domination de l'Église. Qu'il y ait des prêtres libéraux et tolérants, des prêtres dont le seul souci est de prêcher l'Évangile, personne n'en saurait douter un instant. Mais que l'Église ait une politique, que cette politique ce soit l'assujettissement des laïques aux clercs, il suffit, pour en avoir la preuve, de lire les Encycliques des papes et les mandements des évêques.

L'État doit traiter l'Église avec respect; il doit lui accorder plus encore : de la bienveillance, une véritable amitié. L'Église doit rester fidèle à sa mission divine et ne pas se mêler aux affaires temporelles, aux choses de la politique, toujours avilissantes par quelque côté. Que cette politique de modération et de fermeté n'ait pas toujours été la politique des hommes qui se sont succédé au pouvoir depuis dix ans, cela est possible; mais que le clergé ait eu une attitude conciliante, qu'il ait cherché à apaiser les consciences, à faire oublier les anciennes querelles, c'est ce qu'il serait peut-être difficile de soutenir. Les torts sont partagés, il eut importé de le montrer. C'est une œuvre sereine et haute, détachée des passions de parti et de secte qu'il eut fallu faire; elle eut pu servir utilement la cause de la liberté.

Le mémoire est écrit dans une langue alerte et ferme, vive et mordante parfois; les idées sont fortement liées, d'une clarté et d'une vigueur très rares. Si l'auteur savait observer aussi bien qu'il sait écrire, s'il avait compris que la liberté est chose trop sacrée pour qu'on soit autorisé à en faire un instrument aux mains d'un parti, son œuvre aurait obtenu sans doute l'une des plus hautes récompenses dont pouvait disposer la commission.

Mss. 212. — Là où est l'esprit du Seigneur, là est la liberté. In-4. 89 p. La liberté de conscience en France.

L'auteur du mémoire ressent pour la liberté un amour sincère; il veut la liberté pour tous, même pour ses adversaires, même pour les ennemis de sa foi; s'il avait le pouvoir entre les mains, il n'opprimerait personne. Mais est-ce bien la conscience libre qu'il défend? est-ce le respect souverain du droit, la majesté de la personne humaine qui font monter à ses lèvres ce plaidoyer si honnête et si convaincu? La cause de la liberté, c'est pour lui la cause même de la religion; la religion imposée s'étiole et meurt; il lui faut l'air rude et sain de la liberté pour qu'elle grandisse, pour qu'elle devienne comme un grand arbre où les hommes s'abriteront. Il demande l'affranchissement, la pleine indépendance pour tous, pour les athées, pour les sceptiques comme pour les disciples du Christ; c'est qu'il estime que la Parole de Dieu n'est pas faite pour les esclaves, mais pour les hommes libres, que la moisson céleste ne germe qu'aux cœurs affranchis.

C'est un protestant qui combat pour son Église; il avoue très sincèrement qu'à ses yeux la tolérance véritable, la tolérance qui repose non pas sur le scepticisme, mais sur le respect de la foi d'autrui, n'est possible qu'en pays protestant. « Le catholicisme, la libre-pensée et l'athéisme sont impuissants à fonder la liberté de conscience. » Mais l'Église réformée de France ne le satisfait pas. Une Église d'État n'est pas à ses yeux une véritable Église. La religion qui consent à être protégée, à être salariée par l'État, s'avilit et s'abaisse; elle devient un service public; ses ministres sont des fonctionnaires comme les autres, ils ont accepté un autre maître que celui auquel ils se doivent tout entiers, Dieu. L'État doit assurer à tous les citoyens la liberté de servir Dieu comme leur conscience le leur commande, la liberté même de ne pas le servir, mais s'il ne doit pas autoriser certaines façons d'adorer et en interdire d'autres, il ne doit pas non plus afficher un mépris sceptique de la vérité en subventionnant tous les cultes.

Il ne suffit pas au reste de séparer de l'État les Églises, il faut encore en séparer les écoles. « Le « gouvernement impose aux communes ses pro- « grammes et ses instituteurs : il viole donc la « liberté de conscience des familles; l'éducation « officielle est indigne d'une république;... la « liberté de conscience des professeurs, des institu- « teurs et des institutrices est violée, elle aussi..... « Avec les parents, les communes, ils traiteraient « d'égal à égal..... Avec le gouvernement, les édu- « cateurs sont réduits à l'obéissance passive. »

L'école affranchie, l'école rendue aux familles qui délègueront leur pouvoir à la commune, un type nouveau d'école pourra se créer : « Elle sera « cette école nouvelle, tout à la fois religieuse e « irréligieuse, s'il est besoin, catholique, protes « tante, juive. Tous les cultes et l'irréligion devron « être représentés dans le conseil directeur d « l'école, en tant que les droits de chaque famill « le nécessiteront..... La séparation des écoles e « de l'État ne convient pas seulement aux école « primaires : son extension à l'enseignement se « condaire et à l'enseignement supérieur nou « paraît également nécessaire et pour des motifs « semblables. »

Il nous semble que l'auteur se fait quelques illu sions. Tout d'abord, si l'État cessait de subven tionner l'enseignement supérieur, c'en serait fai en France en deux ans des hautes études, et e vingt ans de la science. Si l'État fermait ses lycées il faudrait bien cependant faire donner quelqu instruction aux jeunes gens ; à qui s'adresser, sino aux congrégations? L'auteur croit-il que cela hâte rait l'heure de la liberté? Se fait-il quelque idé de ce que c'est qu'une démocratie gouvernée pa l'Église? Imagine-t-il de quel poids pèserait su le pays cette tyrannie honnête et anonyme, qu baillonnerait toute pensée, pour conduire plu sûrement les âmes au ciel?

Il est dangereux de tant compter sur le libéralisme des gens; ce qu'il y a de plus libéral, c'es souvent l'État, parce qu'il n'appartient à personne, qu'il n'a pas de doctrines à défendre, pas d'idéal à faire triompher; il est la chose de tous, il est mieux placé qu'aucune corporation pour défendre les droits de tous. Ajoutons que seul il en a la force.

L'auteur se fait, comme l'auteur du manuscrit précédent, de singulières illusions sur l'esprit de tolérance des conseils municipaux et des familles. Ce serait un dur esclavage que celui des maîtres qui auraient à subir les exigences des familles ou celles des municipalités. Que la commune ait le droit de choisir l'enseignement qu'on donnera aux enfants dans son école, l'enseignement religieux surtout, cela se peut admettre, mais qu'elle gouverne à son gré l'instituteur, qu'elle puisse le révoquer comme il lui plaît, c'est retirer toute dignité, toute indépendance à l'enseignement. Ce régime peut encore fonctionner dans de très grandes communes, comme Paris par exemple : ce sont presque de petits États; mais dans un village! Tout le monde se connaît, se surveille, s'opprime; les passions politiques et religieuses se font les complices de passions moins hautes et moins désintéressées. On est peut-être moins attaché à son parti que dans la grande ville, mais on a pour ses adversaires une haine plus solide, plus durable; elle repose sur d'autres motifs que l'attachement au comte de Paris ou à la République, elle repose sur des conflits d'intérêts; de l'argent emprunté, des terres hypothéquées, des querelles de famille et mille autres choses pareilles, voilà ce qui sépare un village en deux partis.

Les Églises libres dans l'État libre, c'est sans doute un grand idéal, mais dans notre France cet idéal réalisé, ce serait la guerre religieuse allumée; si même on en venait à dénoncer le Concordat, il faudrait maintenir le budget des cultes, il faudrait surveiller les corporations religieuses, pour qu'elles ne s'emparent pas du gouvernement de la société civile; l'État et l'Église auraient d'incessants rapports. Peut-être le Concordat vaut-il mieux qu'on ne pense : il ne s'agit que de se conformer loyalement à ses dispositions; c'est un traité de paix, il ne convient pas d'en faire un instrument de guerre.

Il y a trop de citations dans ce mémoire un peu sommaire ; Alex. Vinet a la parole aussi souvent que l'auteur, ou peu s'en faut. La forme est embarrassée et lourde. C'est un sermon prêché par un homme convaincu, mais qui ne sait pas convaincre.

Mss. 218. — Fortunæ miseras auximus arte vias. 202 p. in-8.
Servitudes, roman.

Les servitudes que l'auteur a voulu peindre, ce sont les servitudes qui pèsent d'un poids si lourd sur le fonctionnaire de province, les servitudes qui le font partial et injuste; à toute heure il a peur d'être révoqué, et ce n'est pas devant ses chefs qu'il tremble, ils sont impuissants, courbés sous le joug de la même crainte qui le fait frissonner; ses maîtres, ce sont les membres des comités électoraux, les politiciens de cercle.

Le héros du livre est un héros modeste, un receveur d'enregistrement ; il n'a pas, paraît-il, le droit de marier sa fille à son gré, il ne peut la donner à l'homme qu'elle aime. Il va dire ses raisons au père du jeune homme : il ne peut laisser entrer sa fille dans une famille légitimiste, les membres du Cercle national de Choisy-sur-Loire ne le supporteraient pas, et ils auraient beau jeu contre lui, un ancien fonctionnaire de l'Empire, un homme qui a enregistré des actes de vente sous l'Empire! Il s'est rallié, c'est vrai, mais sa foi semble tiède, et M. Cogut, le pharmacien intransigeant, et M. Barbare, le vieux pêcheur à la ligne, qui n'a jamais parlé aux aristocrates que du haut des barricades, doutent fort des sentiments républicains d'un fonctionnaire qui s'abaisse jusqu'à saluer un marquis : « Triste gouvernement que le vôtre, monsieur! « lui répond M. de Boislaurens. — Non, monsieur le « marquis, dites plutôt triste époque que la nôtre! « Ces habitudes d'intolérance et de suspicion sont « passées dans les mœurs. Quel que soit le régime « qui succède à celui-ci, ce sera toujours la même « chose. Nous en avons pour bien longtemps à être « aux mains des Hatton et consorts. A ceux d'au- « jourd'hui en succèderont d'autres, qui seront « royalistes ou bonapartistes, mais cela reviendra

« au même, et l'on n'y gagnera rien. Il y a trop de « partis, et les partis se détestent trop : celui qui « est au pouvoir opprime les autres; cela est juste, « en somme, puisqu'il sera opprimé à son tour « dès qu'il sera vaincu. En attendant, il est com- « battu avec la dernière violence, il est insulté, il « est calomnié de telle façon, qu'on ne sait plus « au juste s'il se défend ou s'il attaque. La poli- « tique n'est pas une lutte, c'est une mêlée, et « toutes les armes y sont bonnes. Dans ces cas-là, « tant pis pour les plus honnêtes, ils sont victimes « des plus habiles; tant pis pour les plus modérés, « ils sont terrassés par les plus violents. Les habiles « s'appellent Hatton, les violents s'appellent Cogut, « et je crois être parmi les honnêtes et les mo- « dérés. Pour remédier à cela, c'est en vain qu'on « renversera le gouvernement, il faudrait dimi- « nuer le nombre et l'acharnement des partis. « C'est impossible, n'est-ce pas? Eh bien! rési- « gnons-nous. »

Mais l'étroite dépendance où se trouve M. Ribier-Dumesnil des politiciens du crû n'était pas le seul obstacle qui séparait sa fille du fiancé qu'elle avait choisi : Gaston de Boislaurens est de famille huguenote, son bisaïeul a quitté la France après la Révocation, tous ses ancêtres ont combattu pour la religion. Le vieux marquis s'est indigné que son fils ait pu s'éprendre d'une fille de rien, d'une papiste; cette fillette catholique, dont le père passe la journée enfermé dans un bureau, lui semblait mal faite pour porter une couronne de comtesse; puis, elle n'a rien ou peu s'en faut, cinquante mille francs de dot. « Comme gentilhomme, a dit à son fils M. de « Boislaurens, vous vous devez, vous devez à moi « et à votre race de rétablir l'état et la fortune « des Boislaurens; comme protestant, vous devez « épouser une femme qui ait vos croyances et qui « élève vos fils dans le culte où je vous ai élevé « vous-même. » Le jeune homme n'a pas cédé, il a rompu avec son père, il est entré au barreau, il y a vite remporté des succès; le père, seul et triste dans sa petite maison vide, a fini par se laisser fléchir, il a pardonné, il a rouvert les bras à son fils. Il a compris, au cours de leur vie commune, la profondeur de son amour, et, un soir, comme Gaston regardait tristement le soleil de septembre s'enfoncer derrière les collines de la Loire, il lui a mis affectueusement la main sur l'épaule, et lui a dit : « Voilà trois mois que vous ne m'avez pas « parlé de vos projets de mariage, mais je sais que « vous y pensez toujours. La situation n'est plus la « même qu'autrefois. Vous avez jugé à propos de « troquer votre couronne de comte pour un bon- « net carré, ce que je trouve fort vilain. Mais enfin « vous m'avez fait accepter cela, vous et ce vieux « fou de Boursonne... Voilà qui est fait, et je ne « vous en parlerai plus... que de temps en temps « pour décharger ma bile. Mlle Claire eût fait, à « mon sens, une médiocre comtesse, à cause de son « jacobin de père, mais vous savez mieux que moi

« quelle femme convient à un avocat. Si c'est celle-« là qu'il vous faut, je mettrai demain mon habit « noir, et j'irai la demander à Ribier-Dumesnil. »

Il y est allé, on lui a fait un accueil étrange, embarrassé, on a semblé heureux et gêné de sa demande tout à la fois; à peine est-il sorti, que la scène a éclaté. Mme Ribier-Dumesnil ne donnera jamais sa fille à un protestant, toute sa foi s'est indignée à cette seule pensée; le père passerait outre, mais il sait que sa place est menacée; il a reçu de Hatton, le grand-électeur du lieu, un avis sévère. Aussi a-t-il pris un grand parti, il a tout dit au marquis : il ne peut enlever à sa femme l'aisance à laquelle il l'a habituée, la condamner presque à la misère; il n'a guère pour vivre que ses appointements, et le mariage de sa fille avec un légitimiste militant, c'est la révocation certaine; Cogut ne permettrait pas ce scandale, ni Hatton, le chemisier radical.

Gaston part pour Paris. Mais Claire l'aimait; elle ne sait rien, ne comprend rien, elle ne sait qu'une chose, c'est qu'elle est délaissée, et lentement elle meurt de douleur. Sa mère la voit se faner, s'étioler sous ses yeux comme une plante brisée, sans lui adresser une parole de douceur ni de tendresse: c'est Dieu qui frapppe dans la fille l'incrédulité du père. M. Ribier-Dumesnil n'est pas croyant; respectueux de la foi ardente de sa femme, il n'a jamais pu la partager, c'est pour elle une douleur secrète et toujours inapaisée.

Elle s'est faite plus vive, plus cuisante encore depuis que son confesseur, un jésuite, le Père Houdin, lui a dit que, si par malheur cet exemple altérait un jour la foi de son enfant, elle aurait à en répondre devant Dieu.

La santé de Claire cependant va déclinant chaque jour; son père finit par apprendre l'amour qui lui a pris le cœur, les aveux qu'elle a échangés avec Gaston; il sait, les médecins l'affirment, que sa fille mourra s'il lui faut renoncer au mariage où elle a mis toute l'espérance de sa vie. Mais ce mariage, c'est la ruine pour lui! mais sa femme aime mieux voir mourir sa fille que de mettre en péril cette âme que Dieu lui a confiée!

Un prêtre intervient au nom du Dieu de paix et d'amour; il arrache le consentement de Mme Ribier-Dumesnil; il fait bien plus, il l'amène à se prêter à un projet désespéré qu'a conçu son mari. A un grand dîner qu'elle donne aux fonctionnaires républicains, elle se laisse volontairemant entraîner à des paroles violentes contre la politique républicaine, elle appelle les enterrements civils des enfouissements. « Elle regarde son mari comme « pour le supplier d'en finir. Le malheureux rece- « veur est à bout de forces; lui-même, il est violem- « ment ému; tout pâle, il sent des gouttes de sueur « perler sur son front. Au milieu du silence qui « s'est fait, il prend la parole d'une voix rauque, « saccadée : « Je ne permettrai pas, dit-il, que chez « moi on ose insulter les sentiments de mes hôtes.

« Une femme ne devrait pas avoir d'autres convic-
« tions que celles de son mari...! » Il hésite, il
« balbutie. Mme Ribier-Dumesnil comprend que
« tout va être perdu si elle ne revient pas à la
« charge : — Oui, j'ai mes convictions, dit-elle,
« j'en suis fière : elles ne s'inclineront jamais de-
« vant aucune persécution. » Le receveur a ressaisi
« ses esprits; Grivard le regarde avec angoisse.
« — « Assez, Madame! s'écrie-t-il, en se levant :
« vous manquez à tous vos devoirs, et votre con-
« duite n'est pas tolérable. Vous n'êtes pas digne
« de recevoir les personnes qui nous font l'hon-
« neur de venir ici. » Puis, avec un nouvel effort,
« il tend vers la porte sa main tremblante, et,
« étranglant de honte, des larmes dans les yeux,
« il lui crie : « Sortez! » avec l'accent dont il lui
« aurait crié « Pardon! »

C'était une scène concertée d'avance. Mme Ribier-Dumesnil introduit une instance en séparation de corps, elle gagne son procès; sa fille se retire auprès d'elle, et le mariage se fait, malgré le père en apparence; il contraint Claire à lui adresser des sommations respectueuses, elle s'y résigne sans bien comprendre, tout entière à son bonheur.

Mais ce bonheur-là, c'est sur les ruines du bonheur de ses parents que l'héroïsme de son père l'a édifié : M. Ribier-Dumesnil a gardé sa place, sa femme aura une vieillesse paisible, elle ne connaîtra pas les angoissantes tortures de la misère inavouée; mais cette femme qu'il adorait, il a fallu qu'il l'éloignât de lui; elle s'est retirée dans un couvent, reprise tout entière par Dieu, et lui, seul, malade, brisé par l'injustice des hommes, par la lâche et grossière rancune des politiques de petite ville, il s'efforce de vivre pour que son sacrifice ne demeure pas stérile, et, courbé sur ses registres, il pleure silencieusement les joies enfuies de son foyer. Et ce qui lui est une amertume plus amère encore, ses amis politiques le félicitent de sa belle conduite, de l'indépendance qu'il a montrée; nul ne songe plus à le frapper, il est le héros du jour, le républicain modèle : il a insulté sa femme, parce qu'elle commettait le crime d'être catholique.

Le dénouement paraît étrange; cette séparation surprend: « C'est un projet insensé! » dit quelque part l'avoué qui l'a imaginé, et l'on est bien de son avis. La scène du dîner est pénible; on se demande s'il était bien nécessaire d'aller jusque-là, si la séparation amiable n'aurait pas suffi. Mais toute cette vie politique de la petite ville est peinte avec une exactitude, une fidélité rares, il y a là un sens très fin de la réalité. Le caractère de Bourjas, le journaliste, est à peine esquissé, et c'est dommage : il aurait pu devenir le centre du roman, qui aurait été plus vivant et plus neuf si Claire et son amour contrarié y avaient tenu une plus petite place.

Le style marque quelque inexpérience : à côté de phrases alertes, toutes pleines d'entrain et d'esprit, il y a des banalités lourdes, des sentimentalités passées de mode depuis quarante ans; l'auteur n'a même pas su échapper à l'inévitable commandant en retraite. Mais ce sont là des taches légères et aisées à effacer; remanié et surtout récrit, ce roman, tout vibrant d'émotion, pourrait rendre de vrais services à la cause de la tolérance.

Mss. 231. — L'homme est un Dieu tombé qui se souvient des cieux. — In-4. 32 p.
Discours sur la liberté de conscience.

Deux dangers menacent la société moderne : le fanatisme, entendez par là l'Église romaine, et le matérialisme; le remède, c'est de lire la Bible, c'est de la faire lire autour de soi. La lecture du livre sacré affranchira les âmes, elle leur donnera la passion de la liberté. Telle est la thèse de l'auteur : elle surprendra quelque peu. Il y a d'excellents esprits, et les plus libéraux qu'on puisse imaginer, qui ne lisent point la Bible; qu'ils aient tort, cela est possible, mais enfin ils sont libéraux, et il est plus d'un protestant fort orthodoxe qui médite tant que la journée dure les paroles des Prophètes, et qui hait cependant d'une haine à peine contenue les catholiques et les libres-penseurs. Calvin lisait la Bible, Voltaire la lisait fort mal, à entendre du moins la façon dont il en parle. L'auteur s'indigne fort contre les sceptiques : il a raison, ils ont comme tout le monde leurs défauts et leurs vices, mais ce ne sont pas les vices et les défauts de tous, et, à tout prendre, ce sont gens commodes à vivre. Puis, après tout, on peut n'être point sceptique, croire ardemment à la vérité et ne pas lire la Bible.

Les philosophes sont impuissants, ils ne sauraient rien fonder, paraît-il ; la Bible n'est pas citée dans la Déclaration des Droits de l'Homme et du Citoyen, cette Déclaration-là a fait cependant un assez beau chemin dans le monde. L'auteur ne peut se représenter une campagne en faveur de la liberté de conscience que sous la forme d'une croisade contre l'Église romaine ; il semble refuser aux catholiques le droit d'être tolérants : « Il faut choisir, dit-il, entre le pape et la liberté ». Mais si l'on ne veut pas choisir, si l'on veut rester soumis au pape et n'opprimer personne ? C'est une inconséquence, soit, mais une inconséquence heureuse. Où en serait-on, mon Dieu ! si l'on perdait le droit d'être inconséquent ? Il en est des matérialistes comme des catholiques : ils ne croient point au libre-arbitre, mais il leur arrive de respecter infiniment la liberté d'autrui ; ils ont tort, dites-vous, leur doctrine leur fait une loi de l'oppression. Qu'en savez-vous ? il est tant de façons d'interpréter une doctrine. Laissez lire la Bible à tous, ne l'imposez à personne, et ne découragez pas les hommes de bonne volonté, regardez moins à l'étiquette qu'ils portent ; le vrai libéral, ce n'est pas l'homme qui lit la Bible, c'est le chrétien qui se découvre quand passe un enterrement civil, c'est l'athée qui s'incline devant le Saint-Sacrement.

Mss. 233. — Sincérité et tolérance. In-4. 300 p.
La liberté de conscience.

C'est un traité complet que nous a donné l'auteur, beaucoup trop complet même à notre sens. Il a cru devoir faire reposer les conclusions pratiques qu'il voulait établir, sur tout un échafaudage de constructions métaphysiques ; il s'est cru obligé de disserter dogmatiquement sur la personnalité et le libre arbitre avant d'en venir à son véritable sujet, la liberté de conscience, la tolérance religieuse.

Ce qu'il faut trouver, c'est un terrain où tout le monde puisse se rencontrer. S'imagine-t-on que l'accord soit si facile sur le terrain métaphysique? Il est très beau de prêcher le respect du droit; peut-être vaudrait-il mieux montrer que c'est une nécessité sociale, une nécessité de fait, de nous supporter les uns les autres. Il est très certain que je puis ne point partager l'avis de tel ou tel sur la nature intime de la personne humaine, sur l'essence du libre-arbitre, et n'être point pour cela tenté de devenir un tyran ; je puis même nier le libre-arbitre, le considérer comme une illusion et demeurer cependant un esprit libéral : la vie de Spinoza suffirait à elle seule à le démontrer.

Nous ne voulons pas nier que les croyances n'exercent une action sur la vie, les croyances métaphysiques comme les autres, mais c'est une action qu'il n'est pas aisé de prévoir. On verra parfois associées la philosophie spiritualiste la plus haute et la plus libérale et les maximes politiques les plus autoritaires ; il n'est pas rare de rencontrer des évolutionnistes et des matérialistes qui sont les plus tolérants du monde. Ils sont illogiques, ils raisonnent mal, je le veux bien, mais encore faudrait-il le prouver, et toute l'argumentation de l'auteur ne nous paraît point établir qu'on se trouve dans l'obligation étroite d'opprimer son prochain parce que l'on a accepté les théories de Darwin sur la filiation des espèces. Pourquoi, au reste, imposer aux gens des conséquences fâcheuses dont ils ne veulent point, qu'ils repoussent même expressément? pourquoi les mettre dans cette alternative d'accepter une théorie sur le libre-arbitre qu'à tort ou à raison ils jugent fausse, ou de renoncer à des principes libéraux auxquels ils sont fortement attachés? C'est une tyrannie comme une autre, une orthodoxie imposée que ne saurait rien justifier. Comment! vous prenez comme épigraphe de votre livre : « Sincérité et tolérance », et vous obligez les gens à choisir entre l'hypocrisie et le fanatisme, s'ils ne veulent point être traités par vous d'esprits faux.

La vérité, c'est qu'il est certaines règles négatives de morale qu'il faut maintenir avec soin indépendantes de tous les dogmes métaphysiques ou religieux, non pas peut-être qu'elles en soient réellement indépendantes, mais parce qu'il est indispensable que tout le monde les observe; laissez chacun libre de se donner à lui-même, pour ne les violer jamais, les raisons qu'il jugera les meilleures. Tous les motifs sont bons, pourvu qu'ils persuadent leur homme.

Notez qu'il y a des positivistes très convaincus que le positivisme est la seule garantie de la liberté de conscience. Ils se trompent, ils se privent peut-être eux-mêmes des plus solides appuis qui se puissent trouver, nous n'en disconvenons pas; mais enfin cette liberté que vous leur refusez le droit de défendre, ils sont prêts à se sacrifier pour elle, et c'est vous qu'ils considèrent comme des obstacles à son règne parmi les hommes. Chacun trouve dans sa foi des raisons d'être tolérant lorsqu'il est gagné à la tolérance; je ne sais si l'on n'y trouverait pas aussi aisément des motifs de ne l'être pas. On ne saurait souhaiter de meilleures preuves de ce que nous avançons que celles que nous a fournies l'examen des manuscrits soumis à la Commission.

Catholiques et protestants, déistes et positivistes, combattent et défendent indifféremment la cause de la liberté de conscience, et ils ne sont point embarrassés pour trouver chacun dans sa croyance de bons arguments à l'appui de la thèse qu'ils soutiennent. Est-ce à dire qu'il importe peu d'avoir telle ou telle foi, que toutes les croyances ont même valeur, que ce qu'on pense de l'âme et de Dieu n'influe pas sur la conduite? Telle n'est pas notre opinion. Mais ce qu'il importait de mettre en lumière, c'est qu'on peut être libéral pour de mauvaises raisons, et que cela vaut mieux que de ne l'être pas ; c'est aussi que la raison qui me paraît bonne peut paraître mauvaise à mon voisin. Je suis tolérant parce que je crois en Dieu, vous êtes tolérant parce que vous niez Dieu : qui sera juge entre nous ?

Il est un autre inconvénient à tout cet appareil métaphysique. C'est à tous que devrait s'adresser ce livre; je crains fort que ceux qui ne sont pas philosophes de leur métier ne dépassent pas les premières pages, effrayés par ces dissertations abstraites sur l'unité et la complexité de la personne humaine, ils auront grand tort. Le vrai livre, c'est un traité de morale pratique écrit sur un ton élevé et contenu qui peut convaincre plus d'un esprit, mais il faut arriver à ce livre, l'auteur aurait pu faire le chemin moins ardu. La métaphysique, à vrai dire, comme toute science, a besoin d'espace pour pouvoir se déployer en toute liberté; des formules qui poussent devant elles des formules, cela encombre singulièrement la route. Elles courent risque au reste de tourner en énigmes; on en veut un peu à l'auteur lorsqu'on connaissait déjà le mot de l'énigme; on ne la devine pas si on ne le connaissait point.

Mais c'est trop peut-être nous arrêter à cette sorte d'introduction. Il est cependant nécessaire d'insister encore quelque peu sur quelques-unes des thèses de morale et de logique qui sont développées dans ce livre. L'auteur est un philosophe de profession ; il parle des questions en homme qui les connaît, qui les a sérieusement étudiées. Il a su très bien condenser et rédiger en un seul corps de doctrines à la fois les souvenirs de l'enseignement de ses maîtres et les réflexions que cet enseignement lui a suggérées. Ce ne sont pas des opinions personnelles qu'il expose, il semble parler au nom d'une école ; aussi convient-il de discuter les théories qu'il défend et d'examiner s'il en a toujours été l'interprète fidèle.

Même en ses meilleures pages il ne sait pas être simple ; il écrit simplement, avec une simplicité un peu solennelle il est vrai, mais il ne pense pas simplement ; il parvient à être plus compliqué que la réalité. « Le réalisme a toujours été l'orthodoxie de « l'Église, malgré son voisinage dangereux du panthéisme. C'est un besoin pour l'esprit humain de « mettre de l'unité partout, peut-être parce que « l'esprit a pour fonction propre d'imposer *à priori* « sa forme à la multiplicité des phénomènes ; peut-« être, plutôt parce que tout est apparenté dans le « monde et que l'esprit retrouve sous les appa-« rences multiples des phénomènes autant d'unités « réelles analogues à lui-même. Ce besoin d'unité « qui est le propre de l'esprit est un besoin méta-« physique. » Cela n'est point inexact, mais les inquisiteurs n'y songeaient guère, et ce n'était pas le besoin métaphysique de l'unité qui les faisait, comme le pense l'auteur, persécuter les hérétiques.

Les inquisiteurs étaient le plus souvent d'assez médiocres théologiens; ils voyaient dans les hérétiques des rebelles, des révoltés, qu'ils châtiaient; ils tourmentaient les corps pour sauver les âmes, il n'est pas besoin d'être grand clerc pour avoir cette idée-là. Puis ils pensaient que les hérétiques attiraient sur les fidèles la colère de Dieu, c'est une croyance qui ne demande pas grand effort d'esprit. Les Hurons faillirent faire payer cher la sècheresse au Père Brébœuf : ils voulaient le mettre à mort; s'il ne pleuvait pas, c'était sans doute que leurs dieux étaient mécontents de l'audace qu'il avait de ne les point adorer. Les Hurons ne se souciaient guère cependant de la multiplicité des phénomènes, ni du besoin métaphysique d'unité. C'étaient gens fort brutaux que les clercs au moyen âge, et c'est leur brutalité bien plus que leurs doctrines qu'il faut rendre responsable de leurs cruautés : leurs doctrines avaient pris la forme de leurs esprits.

Il y a cependant une idée fort juste au nombre de celles que défend l'auteur; il est très certain que c'est la préoccupation du salut, du leur d'abord, et puis de celui d'autrui, qui a rendu les persécuteurs plus violents et plus acharnés encore. Mais c'est là une préoccupation protestante tout aussi bien que catholique, et cependant jamais dans le pays classique de l'intolérance protestante, en Écosse, on n'a pu établir une Inquisition; l'envie n'en a point manqué peut-être, mais on ne l'a pas fait; on ne l'a pas fait parce qu'on n'a pas pu le faire, parce que l'organisation manquait et les traditions d'autorité.

Et c'est là ce dont l'auteur ne tient pas assez compte : ce n'est pas d'ordinaire la bonne volonté des hommes qui fonde la tolérance, mais l'impossibilité d'opprimer. Il y a par siècle une poignée de libéraux ; on se réclame de leurs principes quand on est hors d'état d'appliquer les siens. Il est probable, au reste, qu'à force de ne point opprimer on en perdra le désir, et que les peuples, les Églises même, s'attacheront sincèrement à la liberté lorsqu'ils auront été, pendant quelques générations, libéraux contre leur gré. Il faut compter, il est vrai, avec la puissance de la tradition ; mais les traditions elles-mêmes vont s'affaiblissant, elles ne possèdent plus à elles seules un esprit ; on a beau faire, on voit le monde où l'on vit, et ce monde agit sur vous en dépit de vous-même, et modifie vos sentiments, vos idées, vos habitudes même. On maudit encore ceux qui ne vous ressemblent pas, mais on arrive insensiblement à penser comme eux.

Néanmoins, l'auteur a eu grand raison de le faire remarquer, dans notre société moderne, les seuls motifs que l'intolérance puisse invoquer ce sont des motifs de charité, et il faut avouer que la discussion est fort difficile sur ce terrain, il l'a bien senti lui-même ; au fond, c'est parce que notre foi est mêlée de quelques doutes que nous n'osons point l'imposer. Nous nous sentons hommes et faillibles après tout, nous ne voulons point usurper le rôle de Dieu; mais aurions-nous ces scrupules si nous sentions en nous l'esprit de Dieu, si c'était lui qui nous dictait nos actes et nos paroles? Ces scrupules, les Prophètes les avaient-ils? La religion de l'Évangile, nous dit-on, est une religion de liberté, d'amour, de tolérance; cela est vrai sans doute, et ses disciples sont heureux d'obéir à cette loi de paix; mais si c'était une loi sanglante, une loi de domination et de guerre, devraient-ils donc refuser de s'y plier, ceux qui proclament la divinité de leur Maître, son souverain domaine sur les hommes? « La métaphysique est en soi le principe « de toute morale, mais la morale est à son tour la « pierre de touche de toute métaphysique. Il ne faut « donc pas dire, fût-on chrétien et catholique : « Il « n'y a pas de salut hors de l'Église : je ferai rentrer « dans le giron de l'Église, par tous les moyens, « tous les infidèles pour les gagner à Dieu », il faut « dire : « Je suis persuadé que ma religion est la « seule vraie, et persuadé aussi que le premier de« voir de tout homme est d'aimer et de respecter « son prochain; j'emploierai pour gagner à Dieu « les âmes ignorantes qui s'éloignent de lui, le seul « moyen qui se concilie avec le respect et l'amour, « la persuasion ». Cela est fort bien; mais qui êtes-vous pour donner des conseils à l'Église? Avez-vous qualité pour affirmer que la morale prime le dogme?

Cette objection, l'auteur se l'est faite à lui-même,

et il faut bien avouer qu'il n'a pas réussi à y répondre : c'est peut-être qu'on se heurte là à une difficulté insoluble. Il ne semble pas qu'il y ait intérêt à transporter sur le terrain théorique la question de la liberté de conscience ; il y a dans toutes les religions, des hommes qui auraient quelque peine à justifier leur libéralisme, ou qui ne pourraient y réussir qu'au prix de raisonnements étrangement compliqués et parfois contradictoires. Qu'ils soient donc libéraux, qu'ils proclament très haut leur respect pour la justice, pour le droit, et qu'ils ne se demandent pas trop si ce droit, si cette justice, ils ont le devoir de les respecter, si ce ne sont pas des conceptions humaines, douteuses et misérables, qui s'effacent et disparaissent dans l'éclat de la majesté divine ; du moins n'est-ce point à nous de les obliger à se poser des questions qu'ils ne se posent point.

L'auteur a compris le danger, il l'a abordé de front, bravement ; mais peut être y a-t-il quelque imprudence à prétendre déterminer, comme il essaye de le faire, quelle est la volonté de Dieu. Vous discutez avec Dieu, vous vous faites son juge, vous prononcez sur la justice de ses ordres ; c'est peut-être votre droit, mais moi, croyant soumis, je m'incline devant ses commandements, c'est assurément mon devoir ; ce qu'il me commande, c'est de ne pas vous tolérer ; qui tranchera le différend entre vous et moi ? Aussi inclinerions-nous fort à ne pas faire de la tolérance une question de conscience, mais une question légale, une question civile. Les confessions religieuses peuvent s'excommunier les unes les autres ; ce qui importe avant tout, c'est que les malédictions ne tuent point ceux contre qui elles sont lancées. L'Etat, qui représente la nation entière, ne peut s'instituer juge des croyances ; il doit refuser aux censures religieuses l'appui du bras séculier, c'est ainsi que la paix lentement gagne à elle les âmes. La loi insensiblement transforme les mœurs ; un jour viendra sans doute où s'évanouiront les haines, et où toutes les Églises communieront en un même acte d'amour pour l'Éternel.

C'est sans doute le droit de chacun de se croire en possession exclusive de la vérité, mais c'est un droit dangereux ; il n'est pas aussi certain que le pense l'auteur que la vérité soit une, la vérité religieuse s'entend. Peut-être ne convient-il pas de transporter dans le domaine de la foi les règles de logique qui trouvent ailleurs leur application légitime. Un catholique est très légitimement fondé à croire qu'en dehors du catholicisme il n'y a qu'erreur et péril ; mais une foi plus souple, une foi qui admette qu'il y a plus d'une façon d'honorer l'Éternel, une foi qui élargisse Dieu, pourquoi la proscrire? ne sera-t-elle pas dans le monde un germe fécond de liberté et de vie? C'est, croyons-nous, en cette foi nouvelle, plus humble peut-être et plus modeste que les anciennes dogmatiques, que les libéraux doivent mettre leur espoir ; c'est elle qui fera aimer la croyance d'autrui, qui la fera aimer, parce qu'elle élève et qu'elle console. Sera-ce toujours une foi libre, librement acceptée, que cette foi plus large? Nous ne le pensons pas. Ce que croient la plupart des hommes, on ne le leur a point imposé; mais ils l'ont appris de leur mère, de leur Église, de ceux auprès desquels ils vivent : ils ne l'ont point trouvé, ils savent à peine pourquoi ils le croient, et leur foi n'en vaut pas moins si elle les édifie.

L'auteur a conçu sur un plan très large la partie pratique de son livre. Il étudie successivement les rapports entre égaux, les rapports entre inférieurs et supérieurs, l'éducation, le mariage, les relations de la société religieuse et de l'État, la situation des ministres du culte, les manifestations extérieures du culte, l'enseignement religieux.

Il semble qu'il ait présenté sous des couleurs trop sombres le tableau qu'il fait de l'intolérance au lycée. Ce n'est pas chez les enfants qu'il faut s'attendre à trouver l'amour de la liberté des autres, mais ce sont rarement des fanatiques, de notre temps du moins. Il arrive que l'on se moque d'un enfant pieux, mais on se moque de lui parce qu'il ne ressemble pas aux autres, bien souvent aussi parce qu'il est plus gauche, plus empêtré; ce sont là de mauvais sentiments, ce ne sont pas des sentiments d'intolérance. Puis, il faut avoir le courage de le dire, longtemps les pratiques religieuses ont été, sinon officiellement, du moins en fait, imposées dans nos lycées; il en est resté comme un soupçon d'hypocrisie envers ceux qui ne cherchent point à s'y soustraire. Il est rare qu'on ne respecte point les convictions sincères, et les autres ne méritent guère qu'on les protège; que des enfants se soient parfois trompés, et que parfois ils aient pris pour souffre-douleur un camarade qu'ils auraient dû respecter et aimer, cela est certain, mais il faut se défier des conclusions trop générales.

« Un patron, dit l'auteur, n'a pas le droit de se préoccuper des opinions religieuses de ses ouvriers, mais il doit exiger d'eux des garanties de moralité. » Il nous semble que cette thèse peut être attaquée, et qu'elle peut l'être de deux façons. Il est certain tout d'abord que c'est mon droit, mon droit légal, s'entend, en l'état actuel de l'industrie, d'employer qui bon me semble; on ne peut m'imposer des ouvriers. Il ne me plait pas de faire travailler les catholiques; je ne veux pas de librepenseurs dans mon atelier; cela me regarde et moi seul. Je ferai preuve d'intolérance, soit : c'est mon droit de n'être pas libéral; je n'oblige personne à travailler à mon usine, on sait à quoi l'on s'engage en y entrant. Et que l'on ne vienne pas me dire que c'est injuste; l'injustice, ce serait de me contraindre à un libéralisme dont je ne veux pas.

Il n'y a rien à répondre à cela malheureusement, et l'indignation ne remédierait à rien. Qui ne voit cependant les immenses dangers de cette manière de raisonner? Une autre tyrannie pèserait bien vite sur les consciences, plus lourde encore que la tyrannie de l'Eglise, la tyrannie de l'argent; il faudrait mentir ou mourir de faim. C'est à nos yeux la vraie raison de faire campagne pour la liberté de conscience : on ne peut laisser aux mains de l'intolérance cet effroyable instrument d'oppression légale, l'argent. On peut être courageux contre la persécution, on n'est pas courageux contre la faim, contre la faim des enfants et de la femme. Il ne faudrait pas que quelques hommes aient les moyens d'asservir la conscience des autres, de l'avilir irremédiablement, mais ces moyens ils les possèdent, ils ont le droit légal d'en user, il serait puéril de le contester. Il importe donc de les convertir à la cause de la liberté, d'obtenir d'eux qu'ils ne se servent pas d'un droit qui est encore aujourd'hui leur droit, mais qui constitue pour la société entière un redoutable péril.

C'est pour cela que ce droit de contrôle sur la conduite de ses ouvriers que l'auteur réclame pour le patron nous effraye un peu; ce n'est pas un homme qu'a loué le patron, c'est le travail de cet homme. Il a le droit d'exiger que le travail soit bien fait; mais quelle raison peut-il invoquer pour s'occuper de ce que font les ouvriers hors de l'atelier? Il ne doit certes pas tolérer de voleurs à son usine, mais c'est son devoir de citoyen de n'en pas tolérer. Surveiller leur conduite? Que la limite est difficile à tracer entre la religion et la morale, entre ce qui est d'obligation stricte et ce qui appartient au franc arbitre de chacun! Le patron ne peut servir de conscience à ses ouvriers sans devenir leur tyran. Ils se conduisent mal; ils ont tort, mais ils sont leurs propres maîtres. Je ne puis renvoyer un ouvrier qui n'est jamais ivre parce qu'il va au cabaret, ou un contre-maître parce qu'il a une maîtresse. Je puis leur donner un avis, mais d'homme à homme, d'égal à égal; je n'ai pas qualité pour leur donner un ordre en ces matières.

L'auteur nous semble bien intransigeant sur la question des mariages mixtes : il les condamne résolument; ils ont cependant servi la cause de la tolérance ; les départements de France où les alliances sont nombreuses entre familles catholiques et familles protestantes sont ceux peut-être où la bonne entente est la plus complète entre les deux confessions. On s'estime davantage lorsqu'on se connaît mieux; on se mêle les uns aux autres, on apprend à se supporter. C'était le grand danger des écoles confessionnelles : elles couraient risque de couper en deux la nation; catholiques et protestants se haïssaient et se méprisaient, parce qu'ils ne se connaissaient pas. Il est bien des familles où le père est libre-penseur et la mère catholique, et où l'union est parfaite; le mari est tenu par la force des choses à quelque respect, et la femme à quelque tolérance : il ne semble pas que les enfants en soient moins bien élevés.

C'est surtout à l'intolérance irréligieuse que s'en

prend l'auteur; il lui semble que c'est le mal dominant aujourd'hui. Il paraît se faire sur l'Église des illusions; il la sait intolérante, mais il ne voit pas la guerre qu'elle a entreprise contre la société civile, guerre à laquelle elle n'a point encore renoncé. Partisan en principe de la séparation de l'Église et de l'État, l'auteur a gardé des traditions catholiques une conception de l'Église que bien des libéraux auraient peine à accepter : « Il faut donc « que ces deux mondes, l'État et l'Église, se pénè- « trent en une certaine mesure pour que les ensei- « gnements de l'Église servent à rehausser sans « cesse la moralité dans l'État, à reprendre les in- « stitutions mauvaises, à corriger la lettre des lois « lorsque l'esprit qui les a dictées a fait place à un « esprit nouveau et meilleur. Le monde de l'esprit « et le monde des corps sont distincts, mais il faut « que l'esprit s'applique constamment à introduire « de l'ordre et de la moralité dans la matière. » Que deviennent dans cette conception les citoyens qui n'appartiennent à aucune Église? L'État, c'est la représentation vivante de tous les citoyens; une Église, c'est l'association d'une partie des citoyens : elle ne peut prétendre à être l'âme de l'État, ni sa souveraine. L'État n'est pas le règne de l'arbitraire, comme l'a écrit l'auteur, il doit être le règne de la justice; c'est au gouvernement à tenir la balance égale entre tous. Il ne peut devenir l'instrument docile d'aucune Église, d'aucune secte religieuse. L'auteur le pense comme nous, mais ses habitudes d'esprit l'emportent parfois, et lui font écrire ce qu'il ne saurait admettre.

Ce mémoire exigeait une sérieuse attention; nous avons été contraints de lui adresser quelques critiques, mais elles ne sauraient rien enlever au mérite d'une œuvre ausssi consciencieuse. La langue est grave, un peu solennelle, elle n'est pas déclamatoire. Le ton est toujours modéré, et, si l'auteur est parfois partial, du moins s'efforce-t-il de n'en rien laisser paraître.

Mss. 238. — La Liberté éclairant le monde est un symbole qui exprime que la liberté d'examen est la condition même de toute science. In-8.

L'auteur a fait de la question une étude très complète; tout ce qu'il fallait dire est dit et redit plusieurs fois: ce sont les idées de tous les libéraux exposées dans la langue de tout le monde. Le mémoire est indéfiniment long, confus et embrouillé; mais on pourrait cependant en tirer bon parti en le recomposant et surtout en le récrivant. L'auteur avoue lui-même que c'est une ébauche; c'est une ébauche en effet, et qui laisse mal deviner ce que serait l'œuvre définitive. Il a adopté la forme du dialogue; les interlocuteurs sont un instituteur et un inspecteur primaire. Voici le plan du livre: *Ier Entretien, De l'intolérance en général et de ses effets. IIe Entretien, Les conflits actuels entre l'Église et l'État : les associations; les congrégations;*

la séparation de l'Église et de l'État; la charité. IIIe Entretien, La laïcisation des écoles; le service militaire du prêtre; la morale; les Universités libres; laïcisation des hôpitaux; la liberté de conscience. Les dernières pages, où l'auteur est plus maître de son sujet, sont plus fermement écrites; la conclusion est d'un esprit élevé, tolérant et large.

Il est très probable que ce mémoire est l'œuvre d'un instituteur. Rien ne saurait être plus rassurant pour l'avenir que de voir les idées de tolérance et de liberté s'emparer des esprits des maîtres qui enseignent la morale aux enfants dans les villages. C'est sur ces enfants qu'il faut compter, c'est eux peut-être qui établiront le règne de la justice. Les hommes ont leurs opinions faites, on ne les modifie guère; puis ils sont déjà le passé : qu'importe après tout ce qu'ils pensent et ce qu'ils veulent! l'avenir est aux mains des petits enfants. Et ces petits enfants, ce sont les maîtres d'école qui les feront des hommes; tant vaut le maître d'école, tant vaut peut-être l'avenir d'une nation. Plaise à Dieu qu'ils enseignent à aimer la liberté des autres, à respecter leur foi!

Mss. 262. — In libertate felicitas. In-8. 169 p.
Halte-là! roman.

On peut diviser en deux classes les romans qui ont été soumis à la Commission : dans la première il faut ranger ceux où il y a plusieurs personnages;

dans la seconde, ceux où il n'y en a qu'un seul, l'auteur; c'est à la seconde qu'appartient *Halte-là!* La tentation est très forte de se substituer aux personnages que l'on a créés; on les réduit à n'être que des prête-noms, et on plaide soi-même la cause que l'on défend. Laisser parler les faits, n'intervenir jamais dans l'action, cela est plus habile sans doute, mais c'est chose malaisée; Mme Beecher-Stowe elle-même n'a pu s'empêcher d'insérer de véritables sermons dans tous les chapitres de son livre. Mais à côté de l'auteur et de ses sermons, il y a des personnages qui vivent, des personnages de chair et de sang qui aiment, qui souffrent et qui pleurent: ici l'auteur est seul.

Maintenant il faut reconnaître qu'il prêche bien; sa langue est terne, un peu lourde peut-être, mais elle n'est jamais déclamatoire. On sent une émotion profonde à travers ces phrases correctes et bien alignées; on n'est pas convaincu peut-être, mais on est touché et cela vaut mieux parfois. Le grand service que ce concours aura rendu, c'est de donner à bien des gens une conscience plus nette de leur amour pour la liberté. En cherchant à exprimer aux autres leurs idées, ils les ont faites pour eux-mêmes plus vivantes et plus claires. Ces hommes-là deviendront les missionnaires de la tolérance, et, lorsqu'on lit ce petit livre tout rempli de piété chrétienne et d'ardente foi républicaine, on songe qu'à l'écrire son auteur s'est mis au cœur un amour passionné pour la cause qu'il plaide devant nous; autour de lui il prêchera désormais par sa parole et par sa vie l'Évangile de la liberté.

Mss. 263. — Le difficile est de ne promulguer que des lois nécessaires et de se mettre en garde contre la fureur de gouverner, la plus funeste maladie des gouvernements modernes (GUILLAUME DE HUMBOLDT). De quelque manière qu'un gouvernement intervienne dans ce qui a rapport à la religion, il fait du mal (BENJAMIN CONSTANT). In-8. 45 p.

Toute la pensée de l'auteur est dans les épigraphes qu'il a choisies : c'est un partisan déterminé de la séparation de l'Église et de l'État. Le grand argument à ses yeux, c'est que le régime des concordats crée un privilège en faveur des religions reconnues par l'État : l'État semble les recommander spécialement, se prononcer ouvertement en leur faveur; c'est un tort grave qu'il porte aux autres religions; il paraît les condamner, ou du moins les juger indignes de sa protection. La conséquence c'est que l'on innove peu en matière de religion, que peu de sectes nouvelles se créent, que la vie religieuse s'endort.

Il semble que l'auteur se fasse ici quelque illusion : on ne crée point dans notre pays de religions nouvelles parce que les âmes trouvent encore dans les anciennes formes traditionnelles, dans les vieux dogmes et les vieux rites, la satisfaction du besoin d'adorer qui est en elles. Il est d'autre part des esprits très libres qui ne peuvent croire en aucun

Credo; ils se font à eux-mêmes leur foi, une foi un peu indécise d'ordinaire, mais ce ne sont point des esprits d'apôtres; ils n'éprouvent guère le besoin de faire partager à d'autres la vie divine qu'ils vivent dans l'intime secret de leur cœur; ils causent avec Dieu silencieusement, ils n'admettent que peu de gens dans cette étroite et haute intimité. Que l'on dénonce le Concordat si l'on veut, ils n'ouvriront point pour cela des chapelles. On cite l'exemple des États-Unis : les Églises sont séparées de l'État en Amérique, et la vie religieuse y est fort intense, mais qui prouve qu'il y ait un lien entre les deux faits?

Un autre argument qui surprend un peu, c'est cette affirmation que séparer l'Église de l'État c'est séparer la politique de la religion; que ce soit là un résultat qu'il faille souhaiter, personne, pensons-nous, ne le contestera, mais le moyen de l'atteindre nous semble singulièrement choisi. C'est tout au contraire, à notre avis, lorsque l'Église formera une vaste association indépendante de l'État, qu'elle pourra songer à poursuivre son rêve de domination temporelle; peut-être viendra-t-il un jour où ce rêve elle ne le rêvera plus, un jour où elle comprendra que le royaume de son Maître n'est pas de ce monde, mais il ne paraît pas que l'arrivée de ce jour soit hâtée parce que l'on aura obligé l'Église à être un parti, et, dans l'état actuel des esprits, c'est le résultat probable de la séparation.

La question des rapports de l'Église et de l'État

est la seule qui soit traitée dans ce manuscrit avec quelque étendue. Le mémoire est bien composé, clairement pensé ; mais la langue, très facile, très courante, est un peu plate et d'une négligence qui va parfois jusqu'à l'incorrection.

Mss. 280. — Je crois en Dieu.
Le Sermon d'un libre-penseur. (Placard imprimé.)

Ce sermon est une exhortation à la paix religieuse écrite en une langue élevée, ferme et sobre. Il n'y a pas grande originalité en ces quelques pages, mais ce n'est peut-être point là l'essentiel. Les adversaires déterminés de la liberté de conscience sont en petit nombre, tous au reste proclament leur passion pour la liberté. Mais s'agit-il de faire passer dans les faits ce libéralisme tant prôné, alors les divergences éclatent. On interprète les principes comme il est commode qu'ils soient interprétés ; on songe à satisfaire ses rancunes et ses haines bien plus qu'à obéir à une règle abstraite qu'on s'est fait une mode d'admirer ; on en vient vite à ne plus se soucier que de sa liberté à soi. Et cependant l'on croit toujours être d'accord avec soi-même, on n'aperçoit pas clairement l'étrange contraste qui existe entre sa manière de penser et sa manière d'agir. Il est bon qu'on nous rappelle ce que nous savons, qu'on nous le rappelle sans cesse, qu'on nous dise sans cesse d'être fidèles à nous-mêmes, fidèles à ce que nous croyons juste.

C'est là ce qu'a voulu l'auteur, et son appel est si chaleureux, si pressant, qu'il a quelques chances d'être écouté.

Mss. 282. Nous ne proposons point de compromis entre les diverses opinions, etc. In-8. 76 p.
La liberté de conscience, dialogue.

La politesse est, elle aussi, une forme de la tolérance, et non pas l'une des moins importantes. Mais il y a politessse et politesse : il y a une politesse qui fait écarter des conversations tous les sujets qui peuvent peiner ou blesser quelqu'un, et il y a une autre politesse plus raffinée, plus adroite encore et plus charmante, qui enseigne à causer de tout sans jamais choquer personne. Cette politesse-là, c'est l'école où l'on apprend à être libéral. Si bienveillant que l'on soit, on devient intolérant, en dépit de soi-même, lorsqu'on n'entend jamais d'autre voix que la sienne, lorsque les opinions de ceux qui causent avec nous ne sont que l'écho des nôtres. Mais on s'entête dans ses propres idées, et l'on s'aigrit lorsqu'on discute; on ne songe qu'à se prouver à soi-même qu'on a raison; on en arrive vite à penser que ceux qui ne pensent point comme nous sont des adversaires contre qui il faut lutter, presque des ennemis.

Quelques personnes se rencontrent dans un salon, elles se connaissent, elles s'estiment; on se met à causer, on parle de mille choses, d'art, de littérature, du temps qu'il fait, d'un bal, de la maladie du moment, de la dernière pièce qu'on a donnée au Gymnase ou au Vaudeville. On parle aussi de politique, on parle de religion, mais on en parle sans insister, on en parle sans vouloir rien prouver, sans polémiser contre personne ; on laisse apercevoir ce que l'on sent, on ne l'impose point. Toutes ces paroles légèrement dites, écoutées à demi, traversent les esprits, elles ne s'y arrêtent point, elles ne les changent pas ; mais on apprend à entendre dire sans s'indigner que la vérité à laquelle on croit de toute son âme n'est pas une vérité ; on s'accoutume à voir traiter l'erreur qu'on condamne avec le même respect que le dogme qu'on révère.

Les mêmes phrases qui faisaient bondir le cœur, on les écoute en souriant ; rien n'est changé cependant : on a les mêmes convictions, la même foi. A dire vrai, tout est changé : on ne sait pas que l'on doute, mais on peut penser de plus d'une manière, et c'est déjà douter. La crainte du ridicule, l'obligation d'être courtois, la présence des femmes, contraignent à ne pas montrer l'indignation qui parfois vous saisit encore, et peu à peu on oublie comment on s'indigne ; le sentiment qui ne s'exprime plus s'étiole, languit et meurt.

Mais, pour se rendre ainsi libéral et ouvert aux idées de tous, il faut causer, causer vraiment ; il ne faut pas que la causerie dégénère en controverse, que le salon devienne un colloque présidé par une femme. Je crains fort que des réunions comme celles qu'a imaginées l'auteur ne servent que bien peu la cause de la tolérance.

La forme de dialogue que l'auteur a choisie est vieillie, j'en conviens, elle n'en est pas moins excellente ; elle n'a rien de dogmatique, rien de trop arrêté, elle permet de présenter successivement les diverses faces d'un problème ; elle ne contraint point à conclure. Le lecteur reste libre de se former son opinion ; il sent bien les préférences secrètes de l'auteur, mais ces préférences on ne les lui impose pas. On enseigne la tolérance sans la prêcher, on montre les points de vue divers où peut se placer un esprit : comprendre cette diversité des choses, c'est déjà être libéral.

Le dialogue est aisé, la discussion est bien conduite, très claire, elle ne s'égare jamais ; la langue est alerte et ferme, élégante aussi, mais d'une élégance un peu négligée : c'est la langue des gens du monde qui savent écrire.

Mss. 285. — On ne se passionne que pour ce qui est obscur (E. Renan). In-fol. 64 pages.

L'antithèse est une méthode commode, mais c'est une méthode dangereuse ; c'est au reste plutôt une méthode de rhétorique qu'une méthode de philosophie ; il faut se défier beaucoup des découvertes qu'on lui doit. Et ce n'est pas autre chose qu'une longue antithèse que ce mémoire de 64 pages où l'auteur s'est efforcé, 30 pages durant, de démontrer d'abord que la liberté de conscience est impossible, puis qu'elle est dangereuse, si dangereuse même que, loyalement mise en pratique, elle doit aboutir à la ruine, à la destruction totale de la société. La conclusion est celle même qu'on pouvait prévoir : la liberté de conscience existe, elle va grandissant chaque jour, elle est bienfaisante, elle est la condition même de tout progrès. Pourquoi construire à grand peine tout cet édifice d'objections pour le démolir ensuite pièce à pièce? Pourquoi cet abus de logique, ces batailles de mots, cet effort pour tirer des lois que l'on a posées d'infinies conséquences que ne confirment pas les faits! On est surpris, et comme gêné; on ne sait trop à quelle œuvre on a affaire et si toute cette longue et brillante discusion est autre chose qu'un jeu d'esprit.

Certes il y a du vrai dans ce que dit l'auteur, et, pour qui sait voir sous les phrases qui la cachent, sa pensée véritable, non pas la pensée qu'il a dite, mais la pensée qu'il a pensée, la thèse qu'il soutient est juste; mais il n'aurait pas dû tant abonder dans son propre sens, ni se donner le plaisir facile de construire tout cet échafaudage d'arguments pour le renverser comme un château de cartes. Il lui faut une ligne pour se réfuter lui-même, il le fait de bonne grâce : « Tout d'abord, ces conséquences ne sont que possibles; elles ne sont point nécessaires ».

Mais alors que deviennent les dangers terribles

dont on nous menaçait? Il est clair que l'on peut abuser de toutes les libertés; le meurtre n'est possible que parce que nous sommes libres d'aller et de venir, parce que nous frayons librement les uns avec les autres; est-ce une raison pour mettre en cellules tous les hommes? Il est certain que quiconque cherche la vérité sait par là-même qu'il ne la possède pas tout entière; il hésite, il doute : crierez-vous donc que c'est un sceptique, et interdirez-vous la science par mesure d'utilité publique?

La science ruine toute énergie, elle dissout les âmes, dit l'auteur, qui semble au reste n'être qu'à demi persuadé. Il a raison de ne point trop se croire lui-même; nul ne parle avec plus d'autorité de l'action dissolvante de la science que ceux qui n'ont jamais mis le pied dans un laboratoire, posé une équation ou publié un texte. Les dangers de la psychologie sont devenus un lieu commun; c'est pour les journalistes de notre temps un prétexte à déclamations comme pour Sénèque les dangers de la richesse. Mais sont-ce réellement les psychologues qui déclarent que leurs études les rendent incapables d'agir et de vouloir? Non : ce sont des gens qui parlent de la psychologie comme les gens du monde de la chimie; pour eux ce n'est point une science, c'est un mystère redoutable, ils ont leurs motifs pour en juger ainsi.

La vie est assez compliquée, assez difficile à vivre sans qu'on la complique à plaisir. Les hommes sont moins conséquents que l'auteur ne se l'imagine, ou plutôt ils ont le sens droit; ils ne se prennent point à douter de tout, parce qu'il existe dans un même pays plusieurs cultes qui ne se persécutent pas les uns les autres. Une société ne tombe pas nécessairement dans l'anarchie, parce que les citoyens vaquent à leurs affaires comme il leur plaît. La société où nous vivons est singulièrement moins assujettie qu'aucune autre à des règles traditionnelles; combien elle est plus paisible cependant, et comme la loi est mieux obéie!

La thèse que soutient l'auteur est une thèse intéressante; nous aurions souhaité qu'il employât à la développer moins de rhétorique. Une société est d'autant plus stable, dit-il, que les croyances que professent ses membres sont moins diverses; mais de quelle stabilité s'agit-il? Il est certain que, lorsque tous les hommes qui forment une société sont pareils les uns aux autres, cette société ne peut que très difficilement changer; mais en est-elle plus solide? c'est ce qui paraît douteux. Elle n'est pas mieux armée pour résister aux chocs du dehors, elle est moins en mesure de s'adapter aux circonstances nouvelles que crée la vie des sociétés qui l'entourent. Elle est d'autant plus exposée aux révolutions violentes que les transformations pacifiques y sont plus difficiles.

« L'anarchie des pensées conduit à l'anarchie des actions », dit l'auteur; mais il y a à cette anarchie un obstacle qu'il semble oublier: la loi, c'est-à-dire la volonté souveraine des majorités. Pourquoi au reste le libre-examen aboutirait-il nécessairement au chaos? L'existence même de la science suffit à prouver qu'en bien des matières il est aisé aux hommes de se mettre d'accord. Chercher la vérité, il semble pour certains esprits que ce soit nier qu'il y ait une vérité; libre-pensée, c'est scepticisme. Pouvez-vous l'affirmer d'avance? Il y a des raisons de croire comme il y a des raisons de douter.

La liberté de conscience ruine en nous, paraît-il, le pouvoir de vivre et d'agir; qui s'en serait jamais douté? On n'a point songé encore à faire de l'Inquisition la condition nécessaire du progrès industriel ni du progrès politique. Être librement ce que l'on est, ne pas travestir sa pensée, mais lutter pour faire à sa foi une large place au grand soleil, obéir à ce qui semble la justice, et faire effort chaque jour pour s'approcher plus près de la vérité, est-ce donc là quelque chose de si corrupteur et de si dangereux?

Mais la liberté est impossible, nous dit-on; elle est proclamée dans nos lois, on prononce partout des discours en son honneur, mais elle n'est point pratiquée; ce n'est partout qu'oppression hypocritement déguisée. L'auteur est contraint cependant d'avouer que nous sommes plus libres que nos pères; il l'avoue à regret, mais il l'avoue. Il se demande si le paysan n'était pas plus libre de penser et de croire à sa guise avant 1789, si le noble n'était pas plus qu'aujourd'hui libre de ses croyances; je ne veux rien dire de la liberté des paysans et des nobles sous l'ancien régime; mais la liberté des gens qui pensaient, le roi, l'Église et les Parlements la limitaient singulièrement, semble-t-il. On a toujours été très à l'aise sous les régimes d'oppression à la condition de ne pas penser, de ne pas agir et d'obéir passivement à tous les ordres qu'on recevait.

L'auteur se plaint aussi que la liberté de conscience n'est jamais complète, qu'elle est toujours limitée par quelque endroit. Nous ne pouvons jamais faire tout ce qui nous plaît; nous nous heurtons sans cesse à quelque obstacle, aux volontés, aux désirs des autres, à quelque loi ou à quelque habitude sociale qui nous barre le chemin. Mais il est certain que, comme toutes les libertés, la liberté de conscience a une limite, la liberté des autres. Si notre conscience nous commande des actes nuisibles à autrui, j'entends matériellement nuisibles, il nous faudra faire le sacrifice de lui désobéir; d'autant que c'est un sacrifice qu'on nous imposerait de force si nous ne le faisions pas de bon gré.

Ce que l'auteur a bien vu, c'est que notre liberté est d'autant plus restreinte que la société à laquelle nous appartenons est plus étroite et plus cohérente. Mais comme ses conclusions tiennent peu à ses prémisses! La société qu'il redoute par-dessus toutes les autres, c'est l'État. Est-il cependant une société plus large? en est-il une qui ait moins d'unité? En dépit des apparences, l'État laïque n'a pas de doctrines; il ne combat jamais que pour le pouvoir temporel. Lorsqu'il a pris des allures de missionnaire, c'est qu'il s'était mis au service d'une Église. Parfois il garde, dans la lutte qu'à tort ou à raison il soutient contre les Églises, quelque chose de la tactique ecclésiastique; il excommunie, il prêche, il s'imagine qu'il a charge d'âmes; c'est une habitude de jeunesse, il faut lui laisser le temps de s'en guérir.

En réalité, lorsque l'État est intolérant en matière religieuse, c'est pour des raisons politiques; il a tort sans doute de ne point respecter la liberté de ses ennemis, mais c'est, après tout, l'autonomie de la société civile qu'il défend, et sa cause, c'est la cause même de l'indépendance des consciences. Qu'il y ait des taquineries mesquines, des brutalités inutiles, nous en tombons d'accord, mais il faut comparer pour juger. Quel régime a été moins oppresseur que celui sous lequel nous vivons? Le vrai tyran c'est l'argent, le grand mérite de l'auteur est de l'avoir montré. Mais ici encore il a exagéré : les patrons pourraient faire peser sur leurs ouvriers la plus écrasante tyrannie; en fait, ces patrons-là sont rares qui obligent leurs ouvriers à aller à la messe ou qui leur interdisent d'y aller.

Malgré toutes nos critiques, il nous faut reconnaître que c'est là un mémoire remarquable. L'auteur a l'habitude de manier les idées, il sait se placer avec aisance aux points de vue les plus opposés. Le mémoire est composé avec habileté, avec trop d'habileté peut-être. On le louerait davantage s'il était écrit dans une langue meilleure; le style est si familier parfois qu'il en devient vulgaire, parfois au contraire d'une élégance affectée. On tirerait de ce manuscrit un intéressant article; il suffirait d'élaguer les paradoxes un peu vieillis qui l'encombrent et de le récrire dans une langue plus virile et plus ferme.

IV

DÉCISION DU JURY

Le Jury, après avoir pesé les mérites respectifs des différents mémoires a décerné le prix, *ex æquo,* aux mémoires, 92 (devise : *Otée la cause, ôté l'effet*) et 139 (*les Églises libres dans l'État libre*).

Le prix étant de 10 000 francs, les auteurs de ces mémoires ont reçu chacun 5 000 francs.

Des récompenses ont en outre été attribuées aux mémoires suivants : 2 000 francs au manuscrit 233 (*Sincérité et tolérance*);

1 000 francs à chacun des manuscrits 86 (*Oculis subjecta fidelibus*), 132 (*Spiritus flat ubi vult*) et 138 (*C'est ici un livre de bonne foy*).

Voici les noms des auteurs des manuscrits couronnés et récompensés :

Mss. 92. — M. B. Bourdon, professeur de philosophie au lycée de Rennes.

Mss. 139. — M. Désiré Brévot, instituteur à Colombé-le-Sec (Aube)[1].

Mss. 233. — M. Thouverez, professeur de philosophie au lycée de Bourg.

Mss. 86. — M. Monin, professeur d'histoire au collège Rollin.

Mss. 132. — M. Paul de Nay.

Mss. 138. — M. Philadelphe de Bonnefoy.

Le Jury a décidé en outre qu'il serait rédigé un rapport général sur le concours. Il a chargé de ce rapport M. L. Marillier.

Le rapporteur,

L. MARILLIER.

Paris, 16 janvier 1890.

1. Actuellement directeur de l'École annexe à l'École normale de Vannes.

TABLE DES MATIÈRES

1 Les Mss. mentionnés à la table des matières sont les Mss. récompensés.

Paris. — Typ. G. Chamerot, 19, rue des Saints Pères. — 23583.

A LA MÊME LIBRAIRIE

Paris. — Typ. Georges Chamerot. — 25586

www.ingramcontent.com/pod-product-compliance
Ingram Content Group UK Ltd.
Pitfield, Milton Keynes, MK11 3LW, UK
UKHW020204250726
13967UKWH00003B/1266

9 782012 816794